同學，你只是不想太累

那些最快最簡單的方法，為什麼救不了你的學習痛苦？

諮商心理師、學校輔導老師
郭彥余 ——— 著

好評推薦

臺南一中輔導主任——吳玟芷老師

彥余是我的研究所同學，認識多年，他內斂、沉穩的特質以及對身邊人事物細膩的觀察融入在他的諮商風格中，同時也展現在此書中。樸質的文字寫出第一線輔導老師對現在的教育現場的體會與憂心，讓我心有戚戚焉。

的確，現在就是一個「三累」又「三輸」的狀態，學生、家長與教師在各自的角色苦與累，然後再把責任推給其他方，形成一個惡性循環。不似坊間強調諮商技巧或親子溝通的書籍，本書期待透過自省來讓每個人認回自己應負的責任，在成長的苦中學習成熟。

此外，書中所呈現晤談過程的對話也是一個小亮點，彥余所使用的問句以及引導個案思考的技巧，相當推薦給擔心初次晤談「不知如何問起」的新手諮商師與輔導教師。

豐原國中專任輔導教師——許哲修老師（諮商心理師）

推薦——從學習中省思人生

收到彥余老師這本書稿，有機會先睹為快，讀了以後欲罷不能，讀完之後感觸良多，一定要向各位同學、老師、家長推薦這本書。

這本書跟以往很多強調「策略」、「速成」的書不太一樣，它不是在教我們如何「快速」的學習以達到「成功」，它教的是從日常生活中的經驗去一點一滴的「累積」自己的能力、對自己的相信、對他人的尊重。它不求快、也不問成功與否；它求慢，帶我們看「辛苦」與「失敗」的箇中滋味。彥余老師透過這本書帶著我們瞭解「挫折」在人生當中的意義，這是我們在學校的課堂很少有機會體驗到的。

這本書看起來表面是在談如何學習，其實很多時候也談生涯，也就是放長遠思考，我們如何規劃自己的將來，但最終目標是直指對生命意義的探索，帶我們省思生命及生活的價值。

我也很喜歡這本書傳遞的一個觀念：我們現在所做的一切都會影響著未來、甚至在為未來做準備，你以為可以輕鬆可以走捷徑，將來都只會讓自己更辛苦，而我也認為現在的辛苦都會在未來的某個時刻回報自己，讓你看見每個時刻的付出是有意義的。

我自己身為一位在校園工作的輔導老師，讀完彥余老師書中的各個案例，都能與自己工作現場所見所聞有所對照相互映證，對於書中各種殷殷提醒，也在讀的過程中感同身受。素聞彥余老師專精於存在主義治療與學習輔導，如今能夠把這兩個領域結合形諸文字，相信這本書能夠嘉惠諸多學子、老師及家長，在此鄭重推薦。

弘光科技大學諮商輔導中心主任——陳彥樺老師（諮商心理師）

本書每則文章精要，卻是作者彥余個人生命及職場經驗淬鍊出的智慧結晶，語重心長，足見對莘莘學子的深切關懷與期待。彥余關懷身處在不安與徬徨中的孩子，擔憂其懷揣著滿腹心事不知如何自處，甚至過早放棄嘗試更多可能性；也期待這些孩子能暫時放下不在意的武裝，去傾聽內心對了解自己、跳脫既定框架的渴望，進而從本書中得到面對困難的力量。

閱讀本書，彷彿感受到一位師長在耳畔輕聲叮嚀，亦提醒同樣身為家長和老師的讀者，培養孩子思考問題、解決問題的能力，除了孩子本身的投入之外，另一項關鍵在於我們如何營造孩子的成長環境。愛與關照是成長環境的基礎，但身體力行尊重與自我負責的價值，則是不容忽視的養分。

北門農工輔導主任——陳雅惠老師（諮商心理師）

這本書，讓我重新思考身為助人者的初衷。就算在專業領域上耕耘了幾年，拿到了什麼資格與學位，看起來很厲害的樣子。但是在助人的工作上，永遠都是心與心的接觸與交流，永遠都是在同一個高度上互動。

書中有一章〈老師也是過來人〉讓我感觸特別深。我想起了小說《哈利波特》裡，哈利教導同學使用咒語時所說的：「別忘了所有厲害的巫師，剛開始也和我們一樣，只是學生而已。」這樣用學生的高度看他的世界，好感動。

在成長的過程中，我們都在學習，不是每個人都天生神力或含著金湯匙出生，我們都在每一步的抬起、踏下中，決定前進的方向和速度。身為助人者，身為老師，我們不能忘記過去這些躊躇的時刻，因為我們是過來人。

閱讀這些文字，我彷彿看到一如往常真摯的彥余，並肩坐在身旁，聊聊這些教學與輔導心得，搞笑還不時夾雜著專業知識，意圖使人長知識。

這不是一本訴說「輔導了，就一切沒事了」的書，這是一本真實的輔導實務，助人者和受助者一起在交流經驗中反思、成長的歷程。

這本書，提醒我在忙亂的生活中，記得為誰而活，以及與誰工作。

武陵高中輔導主任——楊雯燕老師（諮商心理師）

讀完《同學，你只是不想太累》一書，最有所感的就是，現今社會什麼都要講求快速，學習、戀愛或者休閒活動，甚至追求立竿見影。殊不知，許多的事情都是需要「磨練」，磨練需要時間、需要心力更需要投入，點點滴滴的累積方能推動一個人前進，乃至成就個人目標，彥余老師的書從學生、老師、家長三個角度提供關於學習、甚至人生功課該如何追求、陪伴等諸多很好的叮嚀提醒，推薦所有在追求夢想道路上，不知如何面對挑戰的人們閱讀。

—推薦序—

來自教育現場工作者的手札與深思

陳恆霖
崑山科技大學幼保系副教授、
培英國際教練領導力學院院長

這是一位在第一線教學場域裡，在絕望中卻仍願保有熱心教學的教師，心中的納悶與吶喊！

作者身兼學校輔導教師與諮商心理師的雙重身分，透過與學生對話形式與案例解說，進而反思教育現場的困境，提出新中誠摯地呼喊，真情流露且言詞剴切。

在這本書中，作者以三部曲來撰述：

首先，**他懇切地提醒學生如何在學習歷程探索自我**。不少學生似乎已經失去的學習的動力的目標，在升學體制的濃霧下，迷茫前路找不到方向與出路，對自我產生懷疑而失去自信，無法明白學習的意義並享受學習的樂趣，讓人難過。明白點出如何讓學生找到自己，並且從學習中獲益，才是根本。

其次，**他期待家長必須跳脫舊式思維的枷鎖，從分數的迷思中讓孩子找回自己**。愛因斯坦曾說：「許多重要的東西是不能被量化的（Everything that counts can not be counted）。分數代表的是現在的知識，並不能預測未來的表現。」作者剴切提醒家長更要關注孩子的學習態度，給孩子機會學習自我負責，耐心等候孩子的成長。

最後，作者也提醒閱讀本書的教師們，**要重新檢視大環境急速改變下的教學心態與做法**。再一次如愛因斯坦所說：「學校的目標應當是培養有獨立行動和獨立思考的個人，不過他們要把為社會服務看作是自己人生的最高目標。」也許有人認為這陳義過高不切實際，但它卻是不變的真理，只是我們有沒有想通或認知其重要罷了。

依據我個人的觀察，可惜百餘年來的科舉制度餘毒，仍然吞噬著教育改革的理想，而教育改革喊得震天響，仍然敵不過家長的對分數的迷思，更扼殺許多熱心於教育的校長與一如本書作者的教師們，眾多莘莘學子，鎮日埋首於苦讀與考試，卻又找不到人生方向的迷茫與抱怨苦毒，形成了惡性循環。

《禮記》〈學記〉說：「今之教者，呻其占畢，多其訊，言及於數，進而不顧其安。」當教者讓學生多誦讀，卻不顧其是否理解，那只是失敗的教育。原始儒家教育極重視理解，孔子認為誦讀而不能致用毫無意義（「誦詩三百，授之以政，不達；使于四方，不能專對；雖多，亦奚以為？」）。科舉重視背誦，學塾重背誦輕理解，只是在重複過往的流弊。

科舉精英體制的學習法、背誦教學的背後邏輯，就是不問賢愚的精英化教育，也讓崇尚這種精英制度的教育體制僵化成習，在「成績定榮辱」的風氣下，傾向填鴨教育。從大環境的脈絡下檢視目前的窘境，本書許多場景就是其中一角，我們也需有一番省思與檢視：

學生們，你在學習中迷失自我嗎？對未來的無知與恐懼，讓你裹足不前嗎？

家長們，孩子快樂了嗎？你正在焦慮中預測孩子未來的失敗嗎？

老師們，逐漸流失的教育理想，讓你還有力氣堅守理念再教下去嗎？

剛過去的2017年，或許最劃時代的事件是Google著名的「Alpha Go」程式挑戰圍棋世界高手，以不到一年時間完勝各方，轟動全球，標誌著AI人工智慧時代來臨，科技讓我們對未來充滿想像，卻也衝擊各行各業現實的狀況，而教育改革與教學現場同樣也面臨新的挑戰。

著名的科技人李開復曾在其所著《人工智慧來了》一書中預測：「從事翻譯、新聞報導、助理、保全、銷售、客服、交易、會計、司機、家政等工作的人，未來十年將有約90％被人工智慧全部或部分取代。如果就全人類的工作進行一個粗略的估計，我的預測則是，大約50％的人類工作，會受到人工智慧的影響。」

我們的教育若仍停留在過往時代的窠臼中，恐怕眾人猛然一醒，發現自己突然失業了，連做準備的機會都沒有，只有哀嘆以對！至於在AI時代，應該如何學習呢？李開復建議：「與其討論讓孩子學什麼，不如先討論孩子應該如何學習。學習方法遠比學什麼內容更為重要，尤其是在人機協作、各自發揮特長的時代裡，填鴨式和機械式的學習，只能把人教成機器，讓孩子喪失人類獨有的價值。」

「如果靠聯考制度，我是上不了哈佛的。」哈佛大學教授陶德羅斯（L. Todd Rose）曾經是被周圍人放棄的「過動兒」，他高中因成績太差而輟學。但現在是哈佛大學教育研究所研究員，以腦神經科學研究進行教育改革。他說：「聯考是工業時代的產物。」他分析指出，家長、老師都認為聯考比較公平，但是學生的學習並非單一面向，用單一標準來衡量孩子的學習，反而不客觀，也不公平。忽略培養個人潛力和創造力。注 Google 公司也調查過內部三百個個員工，發現職場上的成就和學歷、大學成績沒有相關性，於是不再以學歷、成績為選才標準。

有「奧馬哈的神諭」稱號的股神巴菲特（Warren Buffett），是我個人非常喜歡的老頑童，喜歡他的原因不在於他是舉世聞名的理財投資專家，而是他有精準的判斷與長遠的眼光，卻仍保有一顆赤子之心，儘管身價不菲，卻仍過著吃速食喝可樂的簡樸生活，捨棄豪宅居住在鄉間的老舊房子。他透露他的秘訣是：「我未將力氣花在矯正自己的弱點，而是找出優點，將他發揮得淋漓盡致。找出自己最強而有力的優勢，透過不斷的練習與加強，使自己的表現優於現狀。」

面對未來的趨勢，教育現場勢必重新思考，我們要給學生什麼，看重學生什麼，培養學生什麼，才能讓他們面對未來的挑戰。

我在個人著作《COACH 父母學》一書中曾寫道：

「帶著『希望』的眼光，聚焦在孩子的『優勢面』，啟發與引導孩子，開發其未來的發展潛能，因勢利導以成就孩子。每個孩子都是上天賦予的藝術品，若你能欣賞並激發孩子的潛力，則每個孩子都能散發其自身的獨特光芒。在我眼中，沒有失敗的孩子，只有沒有被賞識的孩子。」

讓我們攜手走出教育的限制與分數的迷失，幫助學生與孩子探索與了解自我，協助他們找到人生的方向與位置，建立對自己的自信及未來的夢想。已逝的蘋果共同創辦人賈伯斯就說了：「如果你在做一件真的在意且令你興奮的事，你並不需要被推著走，你的願景會拉著你走。」

期待本書讓所有人再次省思教育現況，在樂觀與期待中，讓孩子快樂與健康——但也有能力自我省思地成長。

注：引用自〈企業不再重學歷，我們還要被成績綁架嗎？〉2015-05-12，《聯合報》，記者林秀姿

—目次—

—前言—

「不想太累」

「帥凱，你要去哪裡？」我叫住了一位在上課中突然走出門外的學生問道。

「我想上廁所。」帥凱用理所當然的語氣回答。

「上廁所老師一定會讓你去，但你不用先舉手跟老師講一下嗎？你沒告訴老師，老師不會知道你怎麼了！也不會知道你要去哪裡！我會很擔心！」我耐著性子說明我的顧慮。

「是喔！那我現在講了，可以去嗎？」帥凱不以為然地接話。　「快去吧！」一方面不想耽誤其他同學的課程進度，另一方面不想聚焦在他身上太久，讓帥凱覺得顏面無光，因此我很快就同意。

五分鐘後，帥凱走進教室，並用力甩門，聲響之大，驚嚇到部分同學。

我努力維持鎮定，暫不做處理，若無其事地繼續上課。

下課後，我單獨將帥凱叫到一旁，克制已經上漲的情緒，盡可能用平穩的語氣詢問：「你剛剛為什麼要用力甩門？」

「我沒有甩門啊！我關門都是這樣！」帥凱淡淡地說。

「但聲音很大，影響到上課！」我內心的火冒了上來，語氣開始嚴厲起來。

「有嗎？還好吧！我又不是故意！」帥凱仍是雲淡風清地回應，好像剛剛那個甩門的人不是他。

「那前面我叫住你的時候，你回答的語氣很不耐煩是怎麼回事？」我接著追問。

「我沒有啊！我講話一直都這樣，而且我只是要去上廁所！」帥凱臭著臉回答。

「你要上廁所至少要跟老師講一聲吧！」看著帥凱的表情，我的心情也越來越不悅。

「我後來有說了啊！」帥凱不耐煩地說。

帥凱所有的回話，都顯示他不覺得自己的行為有什麼問題，我覺得再講下去也只是徒勞，只好說：「可以請你下次不要在課堂上一聲不響走出去，並用力關門，好嗎？」

帥凱不情願地點點頭後就逕自轉身離開。

回到辦公室後，我頹然地坐在椅子上，思考到底是出了什麼問題？

我發現，任教多年，類似的情形，越來越常發生。

那些輕輕帶過的教育現場失控事件

例如，課堂上，有學生將手機藏在桌子底下玩，被我制止，要求他專心上課，學生的反應是用力地將手機丟到抽屜，發出巨大的聲響，接著趴睡在桌上；也有學生上課睡覺，不論我走到他身旁叫喚幾次，都不為所動，或僅只是抬頭看了一眼，就若無其事地繼續睡覺；甚至有些學生認為我任教的科目只是營養的一學分，不是大考考試科目，可有可無，也不影響他升學或畢業，便對我說：「有只有一學分，被當就被當，送你啦！」

不只在課堂上有這種情形，課堂之外，更是層出不窮。例如當我集合學生幹部，交辦重要事項時，常會遇到三催四請，還是叫不來的幹部，或是來了，滿臉不高興，回去班上又沒有確實執行交辦事項，不論好言勸誡或疾言厲色，都不見改善。

而最近在催收學生教育講座的參加回條時，有學生弄丟講座通知，來到辦公室，看到我桌上還有多印的通知單，問也沒問，就自行拿走，當我叫住他的時候，他還一副莫名其妙的表情，更離譜的是，當我告訴他在沒有經過老師同意前，不可以隨意拿走我桌上的東西時，他的眼睛還一直盯著手機邊打電動邊聽我說話，直到我要求他看著我，他才勉強抬起頭敷衍地說好，隨即又很快地低下頭繼續滑手機。

我在想，到底出了什麼問題？是我太守舊老派，無法跟上年輕世代的潮流？還是我誤會了教育的本質，教育其實是服務業，學生是顧客，因此顧客永遠是對的，我應該把笑容留給顧客，把壓力留給自己？顧客說什麼，我永遠只要和顏悅色地順從即可？

我也在想，我們的下一代，越來越有主見、想法和創意，也越來越勇於表達自己的主張與需求，但同時，卻也越來越自我中心，目空一切，他們的內心到底是發生什麼事了？

心理學家曾經做過幾個實驗[1]，說明人的內在深受環境影響。參與實驗的受試者，如果先坐在主管椅一陣子，會比那些先坐在普通座椅上的另一群受試者，更容易藐視他人的意見；預先被灌輸了「爆炸」、「沸騰」等類似含意詞語的受試者，和被灌輸了「禮貌」、「溫和」等詞語的受試者相較之下，在後續的挑釁實驗中，會更明顯地表現出強力的攻擊性；被要求擺出展現權力身體姿態的人，在下決定的過程中，往往顯得較有自信。

短暫的實驗情境，都能夠影響人們一時的行為表現，更不用說，長期的教育環境，對孩子的深遠影響！

究竟，現在的教育環境，給孩子的內在帶來了什麼？而現在環境，又跟以前有什麼不同，才會讓孩子有所轉變？

我印象最深刻的轉變莫過於教育體制的變革。早期的教育制度，只要學分數不足、曠課過多或是被記滿三大過，是不能升級的，情節嚴重者，甚至會被強制輔導轉學或退學，而未取得畢業證書者，要繼續升學難度是比較高的，但現在這些規定都取消或放寬了，即使學分數不足、曠課過多或者記滿三大過，依然可以繼續升級，只要在畢業前銷過到三大以內、學分數足以取得結業證明或同等學歷，就能繼續升學，還有其他相關的規定也較以前放寬很多。

造成孩子的轉變因素很多，教育制度不會是全部，但絕對有所影響。在我剛任教的時候，整體而言，學生的自我要求是比現在高的，他們比較在意自己在學校的表現，不管是課堂上的表現、修習學分數的多寡、班級榮譽或個人獎懲記錄等，也比較關心自己將來的發展或未來的出路，他們比較有禮貌、課堂參與比較積極、也比較會主動詢問未來發展的問題。而現在，學生對於自己的在校表現是比較消極和被動的，反正不管怎樣都能升級，被懲處也不用急著處理或檢討自己，沒有畢業證書還是可以升學，對於學校或老師不滿意的地方就可以去投訴，以爭取自己的權益。

教育制度轉變的立意是良好的，希望給孩子更少的約束、壓力、煩惱，更多的自由、彈性、空間以及各種輔助資源，希望他們不要太累、能夠在快樂中成長，盡量延長他們在學校的時間，以獲得足夠的養分，但卻也不知不覺，減少了許多孩子學習處理問題與面對壓力的機會，讓孩子越來越不需要自省和督促自己，延緩孩子獨立的時間點。所以在教育現場，我常會聽到許多同仁，感嘆國中國小化、高中國中化、大學高中化。

其實不只是教育制度有這樣放寬的傾向，而是整個大環境都有這樣的趨勢，鼓勵孩子盡量以自我為中心去發展，再三強調權益，對於本分和義務，則往往是輕輕帶過。

那些過度自我中心的孩子，是不是只是內化了日常生活中處處以他們為中心的訊息，才讓他們眼裡只有自己？

一旦等到這些孩子長大，必須離開校園、家庭，脫離了被保護的舒適圈，踏入職場，現實生活的各種考驗與挑戰，仍能以他們為中心去運轉嗎？

社會的氛圍希望孩子在成長過程不要太累，擔心壓力會抑制孩子健康成長，孩子也接收到了，也希望自己不要太累，能夠自由發展，然而，壓力和學習、自由與放任，往往是一線之隔，沒有壓力的學習，常會陷於空洞，而沒有自制的自由，更容易成為放縱，過猶不及。

這種現象，不只影響了孩子，就連家長、老師也身陷其中，家長面對教養孩子的挫折時，就將責任轉嫁到老師和學校，老師在面對層出不窮的學生身心問題時，再將壓力轉移到家庭和社會，惡性循環的結果，讓自我中心的信念瀰漫在所有人的生活中，每個人都覺得辛苦，因此，我們都覺得要善待自己，不要讓自己太累，為了不要太累，我們都慢慢學會遇到問題要先怪罪別人，而不是先檢討自己，因為先反躬自省的人，會受到更多的指責，承受更多的壓力，千錯萬錯的是別人的錯、制度的錯、社會國家的錯！

責任反覆地移轉，短時間會讓我們覺得好過一點，但長期下來，卻是延後問題處理的時間，讓所有的累積的壓力一次爆發！

欠缺自省不但會造成個人過度的自我中心，更會讓我們陷入不斷轉嫁壓力，最後承受更多壓力的惡性循環裡！

自省需要花力氣。

面對自己的功課或者能力不足很需要花力氣。

思考未來的方向或職業也很花力氣。

思考自己要什麼、想要爭取什麼或者成為什麼的，都是要花力氣的。

如果我們不願意花力氣在這些事情上面，不願意檢視自己，只想要盡可能省力氣，最後只會更累而已！

因此，不讓自己將來太累的最好方法，其實就是現在累一點！現在累一點，用心處理眼前遭遇到的問題，真誠地面對自己、虛心地檢討自己！

本事的磨練

我是一名輔導老師，也是一名心理師，我在工作場域看到了這些令人憂心的現象，常會問自己，對於這樣的惡性循環，從我的位置和角色，能做些什麼？

我想，我能力所及的，大概就是先從身邊部分的孩子影響起，再慢慢擴及家長、教育夥伴。

我想跟這些孩子說，**輕鬆愜意的成長過程，是得不到真正的自由的，想要獲得自由，必定要從疲憊的學習中慢慢吸收獨立的養分**；我想跟這些家長說，一路順遂的養育方式，是不可能帶出自立自強的子女的，想要子女學得自立的本事，必定要讓他們從挫折中汲取能量；我想要跟教育夥伴說，高高在上的自以為是，是無法教出進退得宜的學生的，想要學生進退得宜，要先以身作則。

最後，我也想跟自己說，不要只想當個對別人說教的老師，只會挑剔別人，卻忽略自己的盲點，說一套做一套，不但不會有任何長進，也無法得到尊重，最後只會被淘汰，想要與時俱進，必定要常常自我檢討，持續學習。

當前的大環境固然有很多限制，但其實還是有很多寶貴資源的，因為前人為我們打下了很好的基礎，所以當我們在抱怨制度不完善、別人沒替我們著想或者是哪裡有問題時，可能也需要提醒自己，會不會只是自己不想太累？

（註：本書的案例，主要都是我個人的親身經歷，皆由真實故事改編而成，但書中人物的年齡、身分、背景以及事件的相關情節，都經過大幅度的變更，無法直接與現實生活中的人事物連結。）

Part 1

同學，你只是不想太累

孩子，
未來不是別人的，
因為沒有任何人可以幫你過未來的每一天，
未來是自己的。

自己的未來自己想，
自己的未來自己救。

有時候事情並不複雜，
只是你不想讓自己太累……。

同學，你有認真想過自己將來要幹嘛嗎？

有沒有可能我們找不到人生的目標，其實只是因為我們害怕未來充滿著不確定性的風險，甚至，我們也抗拒著「長大」這件事情——因為「長大」要承擔的責任太多；有時候，是不是因為太害怕了，所以不願意去思考，「未來我想成為一個什麼樣的人？」甚至進一步擔憂，生命要如何回應「我是誰」這個深遠的議題。

在生涯規劃的課堂上，我常會讓學生思考自己的未來，有時是用課堂討論的方式，有時是透過作業的方式讓他們去想。

有幾次，我以作業的形式，請同學寫下對「自己將來渴望的生活方式為何？」這個題目的想法，得到了幾種不同類型的答案。其中一個類型的回答是「自行創業」、「有錢又工作輕鬆，每天可以無憂無慮的玩」、「每天睡到自然醒，沒有規定什麼時間要做什麼事，想做什麼事情就做什麼事情」、「生活過得無憂無慮不用擔心沒有錢花」等，我稱這類型為「快樂天堂組」。

還有另外一類的回答是「穩定作息，早上七點起床，下午五點下班，週休二日」、「穩定的經濟能力，能夠吃飽穿暖，工作之餘可從事悠閒活動」、「能夠學以致用」等，我稱之為「穩定務實組」。

接著我仔細追蹤與觀察這兩種不同類型的學生，在回答由前述問題所衍伸出來的相關問題的方式，諸如「何種工作比較接近我想要的生活方式？」、「該工作需要何種學歷、證照、專長或技能？」以及「我現在可以如何幫忙自己更靠近我想要的目標？」等問題，發現他們的反應非常不一樣。

用淡漠的態度面對關鍵問題

快樂天堂組學生的回答，通常比較天馬行空，例如在談未來工作時，他們會回答「什麼工作都不重要，重要的是自己的心」、「什麼工作都可以，只要不是臨時工」、「只要不愁吃穿，能夠讓我不至於餓肚子的工作就好了」等；在談需要該工作具備的條件時，他們會回答「至少大學畢業，證照越多越好」、「自行創業是自己當老闆，所以沒有嚴格限定」、「高學歷！就是高學歷！」、「必須通過公司考試，相關單位的服務經驗」等；在談到「現在可以做什麼努力幫助自己達成目標」時，他們會回答「需要的條件就是，那所學校規定的東西一個都不能少」、「現在每期樂透都買」、「多認識演藝圈相關人員，多瞭解《男人幫》雜誌相關訊息」等。整體而言，快樂天堂組的學生回答內容較為模糊，更直白一點說，有些答案是有回答跟沒回答是一樣的，因為根本難以落實。而這個組別的學生，作業常常是遲交的。

而穩定務實組學生的回答，則顯得明確可行多了，例如在談未來工作時，他們會回答「成為像爸爸一樣優秀的電機工程師」、「成為海生館裡的飼養員，上班陪魚兒玩耍作秀偶爾餵他們吃飼料」、「成為動物管理員，因為每天可以跟動物相處，看到牠們可以忘記很多的煩惱」；在談需要該工作具備的條件時，他們會回答「要先從海洋科大畢業後，再去考選部參加航海員特種考試考取船副及格證書或管輪及格證書，再去受一些船員訓練，取得船員訓練證書，再上船補滿一年海勤資歷換取適任證書。」；在談到「現在可以做什麼努力幫助自己達成目標」時，他們會回答「當寵物美容師的話，滿十八歲就可去考證照，然後開一家屬於自己的寵物店，當獸醫的話，每個科目如國、英、數專一專二等都得達到九十分以上才能穩上獸醫，所以我要現在開始努力，如果我有意願的話，那時間根本不嫌晚。主要還是要以讀書為主，先考到相關的學校科系有法繼續往後發展。在上學時間也可以問科裡面的老師，讀這科可以獲得的知識以及該注意些什麼。」整體而言，穩定務實組的學生回答多數都是非常仔細具體，同時會考慮到執行的方式。不同於前一組，這個組別的學生，作業通常是準時繳交的。

為了驗證我的觀察，我針對不同屆學生，又出了類似但更能引導他們具體思考未來的作業，作業的內容從思考未來每個月生活的基本開銷（包含食衣住行育樂等）、想從事的職業（包含求職基本學經歷、薪資、福利等）以及自己的工作能否滿足理想的生活品質等，結果學生的反應類似，同樣可以分成快樂天堂組和穩定務實組，快樂天堂組想從事的職業包括了詐騙集團首腦、地下錢莊營業人、大麻產業老闆、軍火商等，因這類的工作可以快速累積財富，又輕鬆愉快；穩定務實組則想從事跟自己所學專業有關的領域，例如工程師、汽車維修員等。

幾屆不同的學生觀察下來，快樂天堂組的學生約占了整體的兩到三成，穩定務實組的學生則占五到六成，其他的則是不知道將來要做什麼。

雖然這不是嚴謹的研究數據，而只是我個人概略的觀察，但從學生們回答這些與他們將來切身相關問題的方式，其實就不難了解，為什麼現在有這麼高比例的人學非所用、這麼多人不滿意自己的工作、這麼多人如此頻繁地換工作，因為這些處在身心顛峰狀態的青年才子，在他們十七、八歲的人生精華階段，對於自己將來的生活狀態，很多人是抱持著玩笑或淡漠的態度，或用一種對待陌生人的方式來因應，好像這件事是別人的事情，或者是因為暫時想不到，就放棄了，然而這個問題，如果沒有花心思尋找或思考，答案並不會隨著年紀增長而自動從天上掉下來，只不過是延後處理問題的時間點，也因此，等到他們不得不步入社會的時候，只能趕鴨子上架了。

「將來要做什麼，還有很多變數，又不是現在想什麼，將來就能實現，為什麼不能以後再想？」有一位坐在教室前排的學生，在我發下這項作業後，舉手質疑這種思考未來生活作業的價值。

「將來要做什麼或過什麼樣的生活，確實充滿許多不可預測的變數，現在想什麼，將來也確實不見得就會實現，但是，如果我們只停留在原地等待，而不願思考與嘗試，我們更不會知道自己要什麼，現在所想在將來雖然未必實現，但至少比什麼都不做更能提高實現的機會，即使在摸索或試探將來的過程遭遇挫敗，**挫敗也能指引我們方向**，**讓我們知道自己欠缺什麼或不適合什麼**，促使我們逐步逼近適合自己的方向，或接近我們理想生活的附近，要一步到位、達成理想並不容易，但我們可以提早思考、多方嘗試，然後慢慢縮小範圍，靠近那個我們想要的領域，趁著我們還年輕、還是學生、還有各種可能性、尚未直接面對生存壓力時，及早準備，才有更多時間培養所需的相關能力，如果只是等到出社會再來想自己要什麼，只是讓自己在資源更少的狀態下，處理被延後且惡化的問題，這樣有比較好嗎？」我說。

「好像沒有比較好！」同學聽完我說的話後，雖然沒有很滿意，但也不知道怎麼回應，語氣充滿無奈。

對這些青春無敵的青年學子來說，對將來充滿困惑是很正常的事情，但是他們對將來抱持著無關緊要或以後再說的態度，卻是令人憂心的，因為這代表他們不關心自己的將來，覺得自己將來發展的責任跟自己無關；或在乎當下的享樂遠勝於將來；或是覺得這個議題壓力太大，選擇逃避，延後處理問題。不論是哪一種，所顯示出來的被動與消極，都是值得擔憂的。

我曾遇過一個高一的學生，連續一週未到校，整天就是躲在家裡打電玩，他說他覺得來學校壓力很大，要唸很多他沒有興趣的學科，將來也不知道要做什麼，我和他談了幾次，我要他想想持續現況下去，將來會變成什麼樣子，也請他想想自己將來的目標，他非常生氣地對我吼叫，說他如果知道將來的目標的話，現在就不會這樣，也不會坐在這裡跟我談話了，講完後他甩門離開。

雖然從那次以後，我們再也沒談過話，但也是從那時候開始，他不再缺課，巧的是，這個學生高三時，我正好任教他們班的生涯規劃，原本我還擔心他會因為之前晤談的不愉快，在上課時搗亂或睡覺，沒想到他上課卻意外地認真與積極。

等到他畢業前的最後一堂課下課後，我私下找他，聊聊高一至今的轉變。他說，他後來有認真去檢視自己的生活作息，覺得這樣下去，自己會變成廢物，也會拖累辛苦工作的家人，因此他開始認真思考自己將來的目標，期許自己未來能成為專業的技師，所以高二開始，便努力朝這個目標前進，面對沒有興趣的科目，也會盡力學習，所以雖然有些學科考試不及格，任課老師還是願意讓他用繳交作業的方式來多元評量他的成績，最後都有及格通過。而那些他有興趣的專業科目，他的表現則非常優異。整體的學業表現，在班上的平均以上。

我請他以過來人的身分，給許多像他高一樣迷惘的同學建言，他說認真思考未來的目標，然後盡力去嘗試是最重要的，如果不願意思考與努力的話，旁人其實很難幫上忙。

沒錯，如果不願意認真思考自己將來的目標，嘗試努力朝目標前進的話，旁人確實是很難幫上忙的。我從教育現場與諮商實務經驗中也獲得了同樣的結論。但對學生來說，似乎很難接受這個結論，他們想要的往往是一個百分之百明確、沒有模糊空間、不必面對壓力的探尋歷程。

一件不容易、沒有標準答案，要花很多時間和力氣的事

「老師，我不知道自己將來要做什麼？我沒有想法啊！」另一位也是坐在前排的同學看著我發下去的作業單，緊接著舉手發難。

「同學，沒有想法也是一種想法，一種讓自己可以合理停在沒有想法的一種想法，你覺得自己保持沒有想法這樣下去以後會變成什麼樣子？你真的有認真想過自己將來要幹嘛嗎？」我說。

「就真的沒有想法啊！」這次換坐在後排的學生舉手了，他附和前一位同學，說他也是沒有想法的那一個。

「你只是為自己將來想要幹嘛這個問題提供了沒有想法，也就是『現在不要去想，以後再去想』的這個答案。也就是說，除了這個答案以外，你並沒有認真去想其他各種可能的答案。」我回應道。

「就想不到啊！」他很堅持地說，好像沒有想法是一種大自然現象那般理所當然。

「你有花時間花力氣針對未來要做什麼這件事情做功課嗎？你有去想自己喜歡什麼不喜歡什麼嗎？你有去瞭解你喜歡或不喜歡的事情哪一項有可能會成為職業嗎？你有想過你要做什麼工作以維持生活的基本開銷嗎？你有想過將來想要過什麼樣的生活嗎？你有想過如何培養過這樣生活的能力嗎？如果都沒有的話，同學，那你覺得你真的有想過自己將來要幹嘛嗎？」面對這樣理所當然的態度，我試著用更多的提問去鬆動。

「老師，想這麼多好累喔！有沒有比較簡單的作法！」這次換坐在教室中間區域的學生舉手了。

「這本來就不是件容易的事情，也沒有標準答案，需要花費很多時間和力氣慢慢尋找和確認，我們可以先從自己手邊有的資源思考起，例如就學過的不同學科，或是接觸過的各種領域，去想有沒有將來想要做的事情，或可不可能變成未來的職業？」我試著表達對學生心情的理解，並引導他們往更具體的方向去想。

「如果都沒有呢？」學生接著問。

「或者是反向思考，這些當中有沒有你討厭或絕對不想接觸的，藉此縮小範圍，慢慢聚焦。」我說。

「如果還是沒有呢？」學生說。

「如果還是沒有的話，在沒有其他更明確的方向或喜好前，也不討厭目前所學的前提下，先盡全力試看看，盡全力去了解目前所學，盡全力測試自己在這些領域的能力會不會有所提升，盡全力培養熱情看看，唯有透過全心投入，才會知道自己究竟適不適合。」我想起了很多學生，其實都過早下為自己下定論。

「為什麼一定要盡全力？**如果不喜歡不是就白費力氣？**」又有學生露出疑惑的表情舉手提問了。

「因為能力和興趣是透過後天的互動養成的，是可以培養的，只是需要願意花時間和力氣，當我們盡全力一段時間以後，才會知道自己究竟這個領域究竟有沒有機會成長，才有機會培養出熱情，才會真的知道自己適不適合，特別是當我們沒有其他明確的感覺前，其實不必捨近求遠，可以先考慮手邊有的資源，把它當為選項之一。所以先盡全力試試看自己在這個科的能耐，同時可以多接觸不同領域，探索自己其他的可能，但不要在未盡全力之前，就先否定自己在某個領域的可能性，就急著放棄，尋找新方向，否則即使找到新方向，也可能很快就放棄了。」我仔細地分析著。

「如果這樣做了，還是找不到自己想要的呢？」這個問題像是背後靈一樣，不斷重複被學生提出來，可見學生一直卡在這個問題背後的某個因素。

「那我們就要去想，我們真的有認真想將來要幹嘛嗎？還是我們只是在想，怎麼百分之百避開所有不確定的風險？將來本來就充滿了不可確定性，想要完全排除這個不可確定性，是不可能的，沒有不確定性的將來，就不是將來，而是已知的過去或現在，我們要檢視自己，是不是只想要活在過去或現在這種被保護的很好的狀態中？其實我們的問題或許不在於找不出自己將來想要幹嘛，而是在於我們可能並不想獨立，只想要依賴別人，過得無憂無慮！如果是抱持著依賴心態去想的話，就永遠找不到我們認為適合的答案了，因為我們會不斷地找理由去推翻，合理化自己停滯在原地這件事，然後讓身邊關愛自己的人，替我們承擔起這份責任，好讓我們不必面對成長與獨立的壓力，舒適地過著不必長大的生活，然後榨光這些親朋好友的養分。」我想，「避免不確定性的風險」與「不想長大的渴望」大概是人們在思考未來時，最大的障礙吧！與其迴避這個議題不談，倒不如開門見山，直接面對。

聽完我的回應後，沒有學生再提問了。

接著，我跟學生分享了自己的經驗，我跟他們說，少年時代的我，其實也不知道自己到底喜歡什麼，沒有非常明確的生涯方向，大學聯考時，在排除了幾個不喜歡的領域後，就是按照分數高低去填志願了，結果進到了心輔系。剛進到這個科系就讀時，我非常焦慮，因為完全不知道這個科系在學什麼，也不相信光靠晤談就可以提供人們協助，因此到處詢問系上的教授，想要弄清楚這個科系到底在學什麼。

經過了四年的學習，我還是不敢肯定，自己適合這個領域，也並沒那麼真切地了解，如何運用所學，但因為沒有其他更明確的志向，所以我選擇留在心輔的領域，繼續攻讀研究所，直到碩士班三年級，全職實習時，我好像突然開竅了，真的對這個領域有比要深入的理解，也比較知道如何運用所學協助他人，至此，我很確定，這條路是我想要的，也是我有熱情的。

而這個尋找與確定方向的旅程，耗費了近八年的漫長歲月，這八年，我盡全力地想要學好這個領域的專業，最後才真的讀懂、讀通、讀出熱情，也成為這個領域的專業人員，並以此為生。

我告訴學生，「興趣無法單純由內省發現，而是要透過與外界互動來激發」[2]，我就花了整整八年，才真的敢說，自己適合從事目前的工作，對我來多，我是在盡全力的過程中，與真正的自己相遇，也因為盡全力，我才找到真正的自己。

當然，學生在我講完這麼多之後，沒有對我提出新的質疑，不代表他們完全認同我講的內容，從他們交回來的作業內容中就可以發現，還是有很多人不認同我講的，或者是不認為思考自己的將來是重要的，但至少，我起了個頭，讓他們開始去想，對我來說，就已經達到了預期的教育目的了。

同學，你知道自己為什麼要上學嗎？

即使過了許多年，我依然對於那天下課在教室門口，偶然遇到建傑的事情，印象深刻。

「嗨！老師，好久不見！」眼前的建傑，穿著筆挺的學校制服，頂著一頭清爽俐落的平頭，笑容可掬、謙和有禮地主動跟我打招呼。

「現在的建傑，跟過去那個建傑，真的是同一個人嗎？」看著面前的建傑，我心裡面不禁產生了這樣的疑惑。

我努力搜尋腦海的回憶，想起過去在路上遇到建傑，他總是用看到路邊流浪狗的冷漠眼神看著我，然後像一朵烏雲般，默默地從我身邊飄過，跟眼前這位主動而熱情的學生，簡直判若兩人。

「真的好久不見，今天怎麼有空回來學校呢？」其實我非常訝異會在學校再次看到建傑，因為我以為，在這間學校裡的過往經歷，對他來說會是不堪回首的，他不會想再踏入這裡。就在回應建傑的同時，我腦海中不禁浮起他過去的樣子。

過去的建傑，最明顯的特徵，就是那一頭藍紫色的頭髮以及桀敖不馴的眼神。我還記得，第一次接觸建傑，是在一間三年級的教室。那時候我剛開完行政會議，恰好是學生下課的時間，當我正準備走回辦公室，突然聽到某個班級傳來爭吵與叫囂的聲音。

「幹！你剛剛在福利社是在看三小！有種現在『定孤枝』單挑！」建傑大聲吼叫辱罵，同時一把推倒課桌椅。

「好啊！試試看！看是你帶種還是林北帶種！一年級囂張個屁！」被辱罵的學長顯然也不甘示弱，一腳用力往倒下的椅子踢去，椅子立刻飛到建傑面前。

經過教室外的我，正好目睹這一幕。

只見建傑漲紅著臉，準備上前撲向學長，我立即衝進教室，大聲喝斥，阻止兩人進一步的衝突。待兩人冷靜後，詢問衝突事由，才知道，原來是建傑在前一堂下課時間，到學校福利社等同學買東西，一時覺得無聊，拿起隨身攜帶的打火機把玩時，遇到這位來福利社買早餐的學長。那位學長覺得奇怪，上前勸誡建傑將打火機收起來，以免危險，建傑因此心生不滿，覺得學長當眾給他難看，才會於隔堂下課時間隻身衝到學長班上，嗆聲說要單挑。當時他完全不覺得自己的舉動有什麼問題，一直強調是學長看他不爽，惡意針對他，他才會到班上找他。

「這禮拜剛好學校辦活動放假，所以我想利用這個時間回來找一下以前的同學和老師。」建傑微笑道，將我從回憶中喚回現場。

「你現在在哪一所學校？」我問。

「我之前轉過好幾間學校，最後到了現在的學校，就比較穩定了。我現在是在美國的一間普通高中唸書，還蠻開心的！」建傑笑得很燦爛。這樣發自內心的笑容，是我過去從未見到的。

過去的建傑，是沒有笑容的，一貫無所謂的撲克臉，過著「三天一小過，五天一大過」的闖江湖生活。在那次和學長的單挑衝突後不久，他又因為抽菸違反校規，且要求同行的同學說謊，跟老師說他沒抽，因此再度被轉介來找我。

「反正他抽菸當場被抓到了，我又沒有被當場抓到，幫個忙不要講說我也有抽又不會怎樣！」面對我的詢問，建傑回答地理所當然。

「你這樣不只自己說謊，也陷同學於不義，結果就是讓兩個人都被加重處罰！」我說。

「沒這麼嚴重，不就倒楣而已，反正不差這個過啦！」建傑依舊不認為自己的行為有什麼需要檢討的地方。

想到過去的建傑，再對比現在，落差真的很大。

因為……所以，我就來了

「美國唸書應該有很多要調適的地方吧！不管是語言、教材或者是同學的相處，都還好嗎？」我問。

「都很好啊！同學還蠻好相處的，我也蠻喜歡去學校的！而且我現在有自己的目標，過得很充實」建傑爽朗地回答。

「聽起來你很滿意現在的生活，不知道你的目標是什麼？」我關心地問，同一時間，心裡面又浮現建傑過去的情形。

過去的建傑，似乎很少想到將來的事情，也沒有目標。

「你來學校，常常和身邊的人發生許多的衝突和不愉快，常常要被不同處室的老師約談，老師真的很想要問你，你不會覺得累嗎？你知道自己為什麼要上學嗎？你有自己的生活目標嗎？」在建傑某次拿剪刀剪同學頭髮，並勒住同學脖子的事件後，我再次約談建傑，面對建傑頻繁而沒有改善的各種行為問題，我感到非常挫折，忍不住對他提出了一連串的問題。

「我不知道為什麼要來學校，對學校教的東西也沒有興趣，但爸媽要求我至少要唸完高中，所以我就來了，我從國中就這樣了，也是常常被記過，一方面想要氣我爸媽，一方面想要有更多自由，我有跟我爸媽講過，如果我有闖了什麼禍，我自己會承擔，可以不用管我，但他們都還是會管，也都會幫我處理善後。」建傑對於自己的過去直言不諱。

「那你有想過自己的將來嗎？目前的狀況持續下去，你自己的生活會變成什麼樣子？」我對於建傑的未來感到憂心。

「以後的事情以後再說，我沒想那麼多，我知道自己不成熟，但班上很多人也都很幼稚，我也很幼稚，我覺得這樣沒什麼不好，可能要以後遇到其他事情或其他人才會變成熟吧！我現在不想去想這麼多，我現在就是跟著心情走，如果照現在的狀況下去，我想我以後可能會被抓去關吧！」建傑語氣盡是釁不在乎，刻意表現出豁達的樣子。

這次事件過沒多久，又發生了多次類似的衝突，建傑就這樣不斷地被記過，一直到期末，家人因為擔心他的懲處過多、學分數不足、以及不間斷的人際衝突會讓他無法順利畢業，所以決定辦理轉學。建傑得知轉學的結果後，非常不悅，認為是學校刁難，因此在轉學前夕拿著木棒前來學校叫囂，最後雖然平和落幕，但仍讓許多師生膽戰心驚。

建傑這些紛亂不堪的過往，不斷從我回憶中跳出。

「我的目標是想要成為職業籃球員，我現在有參加學校的校隊，努力練球，表現還不錯！希望以後可以一直打球！」建傑談到自己夢想時，眼神閃閃發光。

「加油！照這樣腳踏實地努力下去，一定有機會達成職業球員的目標的！老師真的覺得你很認真在為將來準備！跟過去差別很大！」我豎起大拇指，用力地稱讚建傑。

「沒有啦！我以前就比較幼稚，比較不會想，過一天算一天啦！不知道來學校幹嘛！也沒有目標！」建傑不好意思地搔搔他的平頭。

「你以前對學校教的東西沒有興趣，常說很無聊，現在呢？你喜歡現在學校上課的內容嗎？」我問。

「其實也是沒有很喜歡啦！坦白說，現在學校教的有很多我也是沒有興趣的！」建傑搖搖頭說道。

「是喔！那你怎麼撐過去那些你不喜歡的課？老師記得，你以前最沒辦法忍受那些你沒興趣的課了！」我好奇地問。

「以前真的不知道上學要幹嘛！考試也都考很爛，而且越考越爛！不僅沒有成就感，也越來越沒有興趣！但現在不一樣，我到這個學校以後，找到了職籃這個目標，也加入了籃球校隊，學校有規定，如果學科成績沒達到最低門檻，或是到處闖禍被記過，就會失去校隊資格，這樣我就沒辦法繼續打球了，所以我現在比以前認真很多，不喜歡還是會聽課，也會好好上課！」建傑答道。

「所以你覺得現在的自己和過去的自己最大的差異在哪裡？」我接著問。

「嗯……有沒有目標吧！我覺得自己以前真的不知道為什麼要去學校，每天就是混日子，但現在不一樣，我知道我要幹嘛！也知道為了以後可以繼續打球，即使不喜歡某些科目，至少要維持最基本的成績門檻！不會像以前到學校，都覺得很無聊，東想西想，想找一些好玩的事情來打發時間。」建傑停頓半晌，略微思考後回答。

「如果你可以跟過去的自己講一些鼓勵的話，你會講什麼？」我希望從建傑的身上，找出能夠推動過去建傑的關鍵。

「就……好好想想自己以後想要做什麼，不要一直浪費時間！」建傑皺著眉頭，想了很久後說道。

「你覺得老師如果當年這樣講，你會聽得進去嗎？」我印象中自己好像有講過類似的話，但對當時的建傑起不了什麼作用。

「我覺得可能不會耶！而且老師以前好像有跟我講過類似的話，但我都當耳邊風的樣子！」建傑不好意思地笑了笑，印證了我的想法。

「那怎麼辦，你覺得老師可以怎麼協助像過去的你一樣的學生？」我很想幫助更多像建傑一樣的學生，所以把建傑當成老師一樣求教。

「老師我覺得很難耶！我覺得有些事情需要時間，而且要親身體驗過後，才會想改變，像我也是轉了兩三間學校，最後到美國，發現同班同學雖然不見得都會很在意成績，但是很像都會很在意自己以後要幹嘛！大家都會想比較遠，也比較獨立！再加上我發現我爸媽好像真的因為我的事情老了很多，又為我花了很多錢，我媽還留在美國陪我唸書，我突然覺得自己以前很不應該，覺得不能這樣下去了，才真的有認真想我以後要幹嘛？想一下我為什麼要來學校？終於才下定決心改變的！」建傑摸了摸他的小平頭說道。

「是喔！唉！聽起來老師能做的真的很有限了！」我嘆口氣說道。

「不會啦！老師那時候其實願意這樣常常跟我談，我覺得也挺好的，至少有人可以跟我聊聊天，而且我後來常會想到老師跟我講過『不想念書沒關係，但你一定要去想為什麼要來上學，如果不想上學的話，想要做什麼？』我真的有認真去想喔！」建傑點點頭說。

「真是太感人了！老師講那麼多，總算有抓到重點！」我假裝擦了一下眼淚後說道。

「因為老師你重複講過好幾次了，不記得很難！」建傑笑道。

「有空要再回來看老師喔！」我說。

「好啊！老師掰囉！」建傑揮揮手。

上學：理所當然到不需要刻意思考……

經過一年，建傑宛若新生，跟一年前的他相較之下，有如天壤之別，不再充滿暴戾之氣，渾身菸味，而是恭謙有禮，充滿夢想。我常常會回想起建傑的故事。

尼采曾說，懂得為何而活的人，幾乎任何痛苦都可以忍受；「打不垮我的，將使我更堅強」。對建傑來說，正是如此。當他知道自己為何而學時，他便願意忍受學習過程中的辛苦，重新檢視過去的經驗，約束並調整自己，從中學習且獲得成長。

建傑的求學歷程充滿轉折，幸好父母對他不離不棄，給他無盡的包容與愛，讓他可以在最後找到上學的目的，找出自己想要的方向，但還有很多像他一樣的學生，其實對自己為什麼要上學，並不了解。

我曾經問過一些類似建傑這樣的學生：「你知道自己為什麼要上學嗎？」學生多半搖搖頭，表示沒有細想過，因為身邊的同儕都有上學，所以上學好像理所當然到不需要刻意去思考，也沒有思考的必要，因為不管思考後得到的結果如何，上學這個行程都還是會被自動化地強制排入生活之中，而他們也從來沒有被授予選擇上學與否的權利，所以思考「為什麼要上學」這件事情就顯得無關緊要。上學就像是呼吸一樣，再自然不過了，根本沒有細想或質疑的需要，不過就只是生活中無法切割的一部份。

也因為如此，所以這些「建傑們」過一天算一天，只求當下短程的愉快或平順的日子，而忽視這些在學校中度過的無數青春歲月對自己現在和將來的深刻影響力，任憑家人或師長再怎麼苦口婆心或諄諄教誨、如何再三勸誡他們知識、學歷、一技之長有多麼重要，要把握時間認真學習，他們全都恍若未聞，執著地繭居在自我的世界裡，誰也無法靠近。因為這些普世被認為是學生本分或重要的價值，對他們來說，都是外界強加在身上的，而非他們發自內心去沉澱而得的智慧結晶，自然無法撼動他們分毫。

哲學家蘇格拉底曾說過，**沒有經過檢視的生活，是不值得去過的**。當我們覺得迷惑時，最需要的其實是與自己對話的機會，唯有透過內在對話，反覆檢視自我，找出屬於自己的答案，才有可能對自己負責。

面對像建傑這樣迷失方向的狀態，最重要的或許不是建議或勸說，而是思考與尋找，思考行為的目的，尋找生活的目標，哪怕答案不符合主流，也都是脫離被動與消極的契機。而我最常問的問題就是：

「同學，你知道自己為什麼要上學嗎？」

同學，你知道學習真正的捷徑是什麼嗎？

「阿克」是個非常認真的學生，自從他進到大學以後，幾乎每天都窩在圖書館，認真研讀著跟他專業有關的書籍，只要是跟專業有關的，他都非常投入，即使教授認為不重要或是考試不考的章節，他都還是追根究底地深入研究，還會自己做實驗，同時延伸閱讀了許多相關的書籍。當期中考與期末考即將來臨，同學全力在準備考試範圍的章節時，他還是維持著原本的學習習慣——不管有沒有考的章節都讀，因此，雖然他學習非常認真，但是他大一大二成績並沒有特別突出。

等升上大三以後，當專業課程越來越複雜，實習科目越來越多，還要陸續面臨考取證照的壓力，同學們紛紛為此而感到吃力時，阿克的成績與各方面表現卻逆勢上揚，頓時衝到班上前幾名，更跌破眾人眼鏡的是，他有時能解答出教授無法回答的問題。有些同學很敬佩阿克，向他請益與學習，有些同學則感到納悶，明明他好像花很多時間在課外書籍上，大一大二表現也平平，為何升上大三後能夠大放異彩，就連阿克訝異於自己的表現。

事實上，正是阿克這種看似**繞遠路**的學習方式，為他打下了其他同學所沒有的厚實基礎，這種一反只閱讀考試科目的傳統準備方式，在面對考試範圍較廣，以及更深入的專業測試時，發揮了整合的效果，有幾個實驗可以佐證阿克的學習方式雖然短期內較為費力，且不容易看出效果，但從長遠的角度來看，其實是更有成效的。

曾有研究人員以一群八歲孩童為對象進行實驗[3]。研究者將這些孩童分成兩組，其中一組的孩童反覆練習將豆袋投入三英尺遠的桶子中，另外一組的孩童則是混合練習將豆袋投進兩英尺和四英尺遠的桶子內，結果發現，十二週後的測驗中，那些混合練習擲兩英尺遠和四英尺遠桶子，但卻從未練習過擲三英尺遠桶子的孩童，表現最佳。

類似的研究結果也出現在大學生身上。按照幾何種類類型順序（例如橢圓球體、球錐體和半圓錐體等）逐一學習計算體積的大學生，在短期的學習過程中，答對率比不按種類順序混合變換練習的大學生高，但若將時間拉長，混合練習的大學生表現較好。

為什麼短期表現較佳的單一練習，不如長期表現較佳的是混合練習？主要是因為單一的練習，會培養出對某類測試的熟悉感，這個熟悉感協助我們在短時間內有效地上手而獲得好成績，但這樣的熟悉感未必是真正理解其中竅門，一旦考題有所變化，便無法應對，而混合練習則因為無法很快地培養出對某類型題目的熟悉感，所以必須要更耗費時間與心力地完全掌握真正的關鍵，因此在學習之初，成效較差，但學習效果卻能維持較久。

這說明了許多考生在考前熬夜的臨時抱佛腳，或許能仰賴集中練習的熟悉感，短暫提升考試成績，但是一旦考試結束，很快就會忘掉所學，而這樣短期的單一集中練習效果，無法長久，一旦面臨範圍較廣或內容較深入的考試或測試時，便無法招架了。

阿克的學習方式就像是那些混合練習的孩童，他不將自己侷限在跟考試有關的練習上，而是學習比考試範圍更多更廣的內容，因此他耗費比其他同學更多的時間在看似與考試無關的事情上；他的學習方式也像那些變換練習的大學生，不拘泥於僵化的學習順序，因此而耗費了比較其他人更多的心力，阿克在學習這條路上，最初表現並不突出，看似繞了遠路，但長遠來看，阿克的學習方式其實才是真正有效的捷徑。

同學，學習是一個從複製、內化到創造的漫長歷程

為了成為一名合格的心理師，我在碩士班三年級時，申請了大學諮商中心的駐地實習，全職實習一整年，以取得心理師的應考資格。在專業上指導我的是諮商所的教授，大家都很喜歡這位教授，因為她熱情又富含學養，指導研究生毫無保留，完全不藏私。

就在我第一次接受教授督導時，她問我偏好使用哪一個治療理論，我立刻回答「當事人中心」，她點點頭，並接著問，當事人中心會如何看待我手邊個案的困境，我很有自信地回答了許多曾在不同書籍上所闡述的治療重點，她非常仔細地聆聽後，輕輕地搖搖頭，說我講的是教科書上的理論介紹，而非對眼前獨特個案的困境評估，所以她又重複問了一次：當事人中心會如何看待你的個案所遭遇的困境？

我頓時腦袋空白，愣在原地，完全答不出來，因為除了教科書上講的治療重點，我想不到其他的。

督導結束以後，我深受打擊，發現原來自己只會拾人牙慧。

教授告訴我，學習並不是讀越多越好，而是要能夠精讀，深入地思考其中精髓，建立一個理論專長，再以這個專長為基礎，吸收其他養分，才能有所成長。於是我痛定思痛，花了許多心思去瞭解自己到底適合什麼治療理論，該理論的核心精神究竟為何，以及我如何看待與應用該理論。

慢慢地，我越來越能夠回答教授的問題，後續的督導，教授告訴我，最高的境界，就是將自己變成那個理論，用那個理論生活，處理自己的困境，唯有如此，才能真正精熟地運用治療理論，對個案提供最適切的協助。教授也分享了她在國外學習心理治療的經驗，她跟著不同學派的治療師一起接個案，直接在現場學習，最後找出最適合自己的學派，全心投入。

教授後來也和我一起接個案，由於教授擅長的學派與我不同，我們會在接完個案後，討論彼此學派對同一位個案的不同觀點與做法，後續的督導，她幫我找了一位和我同學派的資深治療師，並將自己的督導費用轉交給該治療師，要我直接向該治療師學習，但同一時間她仍持續和我討論一些專業問題。

經過這些充實的歷練後，我不但找到適合自己的治療學派，學會如何應用在個案上，也將之變成生活的一部分，用來處理難題與挑戰。

跳脫複製

哲學家叔本華曾說過[4]，讀一個自己從未深入思考的問題是危險的，我們讀書是別人替我們思考，我們不過是在重複作者的精神過程而已。所以一個人如果鎮日讀書，他將逐漸失去思考能力。

剛開始「駐地實習」的我，便是處在叔本華所說未深入思考的狀態，自以為精熟治療理論，見多識廣，但事實上只是複製別人的思想，依樣畫葫蘆罷了，直到教授指出盲點，才驚覺自己不過是吊書袋，活在「讀越多就越厲害」的自我感覺良好世界。正所謂貪多嚼不爛，沒有經過反思的學習，往往轉身就忘。

於是我回顧從小到大的求學歷程，發現自己很少深入思考所學的內容，多數時候都僅是記住書本的內容，照單全收他人的論點，甚少仔細思考書中所言是否為真，書中所言如何印證、如何與生活結合，更遑論去想如何運用所學，並提出自己的觀點。

不可諱言，任何領域的學習，最初階段必定是複製，藉由複製來建立認知，熟練基礎能力，但如果一直停留在複製，不但無法持續成長，反而會讓自己腦中充滿他人思想，而無法變通，因此在複製之後，接著要將之消化，轉換為養分，內化成自己的一部分，將所學與個人生活融合，並進一步創造出自己的觀點，這樣才能將學習的價值發揮的淋漓盡致。

可惜的是，很少人教我們如何跳脫複製的階段，學校課程的安排永遠非常緊湊，不會停留在同一個單元太久，就著急地進入另一個新的單元。教學者沒有足夠的時間引導學習者深入思考，學習者也沒有足夠的時間去反覆咀嚼所學，教學者和學習者都在追求「量」的廣度，而非「質」的深度。

深度的學習，要耗費許多時間與心力重複思考與理解同一個概念，以我自己為例，從找到適合的治療理論，到比較了解且學會基礎的應用，就至少花了碩三實習一整年，但不管是在大學階段或研究所階段的課堂上，教授卻希望學生能在短短一個學期就認識所有主流的治療理論，甚至要進一步具備基本的運用能力，這實在太困難了，這麼短的時間內，我只學會複製，複製各個不同理論最表淺、最容易提取的概念，我根本不懂實質的內涵，只會人云亦云，過了一段時間就忘記學了什麼，即使講得出來，根本只會紙上談兵，完全不會運用。

我對此感到疑惑，因而請教過幾位教授，有些教授告訴我不用著急，先學會一些基本概念，畢業以後再深入學習即可，有些教授則認為這很正常，因為專業學習的初期，最重要的本就是淺嘗則止，就像吃自助餐一樣，要先認識所有菜色，各品嘗一口後，知道自己喜歡哪一道菜後，才能決定真的要選或學哪一道菜，但問題是，不論哪個階段的學習，我永遠都停留在淺嘗則止的階段，樣樣通，卻樣樣鬆，沒有任何一項是真的精通的領域，結果就是，我們這群研究生畢業後，還是不知道自己擅長什麼，必須要自掏腰包花大把的金錢和時間，到處去參加私人舉辦的工作坊學習；幸運的話，才有機會在這個精疲力盡的摸索過程中找到真正適合自己的領域，學到真正的治療精髓。

期待短時間內能有大量學習，淺嘗則止的現象不只出現在校園，也發生在社會上，我曾經在網路上看過幾則以「一年讀完上百本書」這類強調能在短時間內培養大量閱讀能力的工作坊訊息，我就在想，短時間讀那麼多書，真的能夠吸收嗎？還是僅能走馬看花？一年看完上百本書，真的會運用嗎？坦白說，這很令人懷疑，但不得不承認，「一年讀完上百本書」這樣的標題打中了人們內心速效學習的渴望，非常吸引人。

將所學化為養份

速效的學習在人生的某些階段是有其必要的，例如在中小學的部分課程，可以讓我們在這幾年的學習尖峰期先快速地培養各項基本能力，以具備生活自理與學習的基礎，但在滿足這樣的需求後，如果仍繼續維持短時間大量學習而沒有思考的複製型學習模式，很容易就喪失了自己，這對於學習者與教學者來說，都是辛苦而成效減半的事情。

有些課程，如果可以放慢腳步，引導學生追求質而非量的深度學習，對教學者與學習者來說，都會是件高啟發性與高成就感的事情。讓我印象最深刻的例子莫過於兒子所就讀的幼稚園的課程設計。

我的兒子在兩歲多進到「幼幼班」時，我發現他們的課程設計，常常都是以兩周為單位，重複地進行同一個主題，例如他們有一個主題是認識螞蟻，整整兩周的課程都在談螞蟻，一開始，先讓小朋友討論有沒有看過螞蟻，知不知道螞蟻長什麼樣子，生活中什麼時候會看到螞蟻等，讓小孩子互相分享經驗，接著老師就孩子的討論內容，補充介紹螞蟻的外觀、顏色、習性，甚至進一步引導孩子思考可以從螞蟻身上學到什麼，以及如何對待螞蟻等，然後再教孩子唱螞蟻搬豆的兒歌以及帶動唱，並從孩子參與的過程，了解孩子的肢體動作和心智成長狀態，給予孩子和家長回饋。那一陣子兒子對於螞蟻的辨識度極高，也常常會哼著「螞蟻搬豆」的歌，非常開心。

有深度的學習是無法速成的，因為我們需要時間消化，需要花力氣去建構大腦細胞彼此之間新的神經連結，唯有不斷地重複檢視與思考所學，才有可能真的將所學化為養份，滋養自身，進而產出智慧。真正的學習，不該便宜行事，只停留在複製的階段，而是要願意耗費時間、精神反芻，將之內化，並創造出新的自己。

所以親愛的同學，學習是一個從複製、內化到創造的漫長歷程，如果你希望自己能夠學有專精的話，就要給自己多一點的時間，耐著性子，日積月累地堅持下去。

同學，請不要用「失去」來學會「珍惜」好嗎？

「嗨！老師，好久不見！」正當我在處理桌上公文時，突然傳來了這聲問候。

「嗨……」我直覺式地抬頭回應。

尷尬的是，來者不是在跟我打招呼，而是來找另一位坐在我旁邊的同事，於是我趕緊拿起電話，鎮定地假裝準備撥電話。

「好久不見！你怎麼有空回來？」

同事露出燦爛笑容。

我定睛一看，覺得眼前的這個人非常眼熟。

一頭俏麗的短髮，眼睛周圍附著著淺淺的淡褐色雀斑，身穿白色圓領短衫，搭配時下流行的刷破淺藍色牛仔褲的一位年輕女性：

「今天是工作輪班的補休，想說回母校走走，看看老師！」

「這樣啊！真是感人！還記得老師！」我同事笑了笑。

「對啊！好懷念以前在學校念書的日子！」年輕女子說道。

我不是有意要聽他們的對話，只是眼前這個人，實在太眼熟了，引起我的注意，我努力在腦海中搜索相關的記憶，但一時之間竟想不起來。

「是啊！學生時代的生活是最單純的時期了！」同事點點頭。

「當學生最好了！」女子附和道。

聽到這裡，我終於想起來這個女生是誰了。

她是「賢慧」，是我的個案，也是令許多老師曾經非常頭痛的一個學生。

我曾和她在諮商室晤談多次，那時是導師轉介她來找我的。

賢慧告訴我，她以前曾經多次因為人際問題自傷，甚至吞藥，而這個問題，在進了高中以後，並沒有改善，甚至變得更嚴重。

我不由得想起幾次跟他晤談的片段。

都是別人的問題

「同學常會莫名奇妙拿橡皮擦、粉筆或紙團丟我，或是用髒話罵我！」賢慧獨自坐在輔導室外的樓梯，邊講邊掉淚。

「你知道同學為什麼要這樣對你嗎？是發生了什麼事情嗎？」我關心地問。

「我也不知道，我又沒做什麼，同學就一直罵我……」賢慧越講越傷心。

「如果真的如你所說，同學就沒來由地針對你，那是他們的問題，老師一定會介入處理，但也有可能有什麼我們沒有注意到的原因，讓他們這樣做，這樣好了，老師先透過其他老師跟同學那邊去了解看看，發生什麼事情。」我遞給賢慧一包衛生紙後說道。

「老師，我想回家，我不想待在學校，我覺得同學都不喜歡我。」賢慧擤了擤鼻涕。

「老師先跟導師和家人連絡一下，看怎麼樣再跟你說。」

看著眼前的賢慧，以往的各種片段紛紛浮現。

「你現在在哪裡工作？」同事問。

「我之前在餐飲店工作，後來因為跟主管處得不好，現在換到大賣場工作了。」賢慧答道。

跟主管處得不好？印象中，賢慧確實跟很多人處得不好，幾乎是跟整個班的同學都處不來

「郭老師，我進班上稍微了解了一下賢慧所說的情形，發現可能不完全像她講的那樣。」

我想起過去導師跟我提到賢慧在班上的狀況。

由於賢慧總是在抱怨，同學是如何欺負她與辱罵她，讓她不想來學校，甚至導致她多次想要傷害自己，於是我和導師合作，分別找來和賢慧衝突的同學，以及班上幾位較友善較客觀的孩子，釐清事情的真相。

「老師，她常常掃地工作不做，說那個時間她有事情要去找某某老師，但我們去求證後，根本就沒有啊！」一位同學「小明」生氣地說著。

「實習課的時候，她老是一下子是說她腳痛，一下子說她腰痛，一下子又說她肚子痛，所以不能搬東西，或是不能操作儀器，她被分配到的工作每次都沒完成，但她下課時都活跳跳的，什麼痛都

沒有，老師是你的話，你不會想罵人嗎？況且，她回罵我們更難聽好不好，想哭的應該是我們吧！」和賢慧同組的「毓婷」和「杏華」異口同聲。

「運動會大家團練的時候，她每次都說不舒服，坐在樹下休息，是每次喔！」班長「正男」說道。

我和導師，為了處理賢慧在班上的各種人際問題，疲於奔命。

後來發現，其實賢慧自己的問題最大，同學不喜歡她，她自己要負大部分的責任。

「（這份工作）應該不輕鬆吧！」同事接著說，將我從過去拉回到當下。

「對啊！要補貨、收銀、整理環境，有時候還要處理客人糾紛，瑣事很多，還是以前當學生好，最沒有壓力了！」賢慧嘆了口氣說道。

沒有壓力？我記得她以前明明最常說她壓力很大。

「以前唸書的時候，不舒服的話，還可以請假休息，哪像現在，即使重感冒，或是肚子痛得要死，都不敢隨便請假，不然請太多，就會丟掉工作！」賢慧喝了口手上的飲料後，繼續說。

請假？沒錯，賢慧以前在學校的時候確實常常藉故請假。

自從我在諮商室中，一一核對了她所說的與同學所講的差異之處，並當面質問了她之後，她就不太願意再來找我了。

之後她請假的理由，就從同學排擠她，變成了家人對她不好。

但事實上，在我和家人連繫後發現，其實家人並沒有用如她所說的方式虐待她，甚至是很關心她的，於是我又跟她核對了其中差異，她就更不願意找我了。

後來，她除了偶爾來輔導室上補救教學的課程外，就不願意再踏進輔導室了，當然，她也根本不想再跟我會談。

「好羨慕這些學弟妹喔！還可以當學生，畢業工作以後，我才知道，這是件多麼幸福的事情！哪有現在工作會遇到的一堆鳥事，不僅會被老闆罵，還要擔心飯碗不保，沒錢吃飯之類的！以前根本不用擔心這些，再怎麼樣都還有家人撐著。」

賢慧自顧自地講不停，同事只能偶爾插個幾句話。

兩人聊了一陣子後，賢慧轉身準備離開前，眼神正好與我對上，雖然四目交接，她卻完全沒有想跟我講話的意思，只是稍微停頓了一下，就走出辦公室了。

可能是她回想起過去和我的晤談，不是件愉快的事情吧！

和賢慧的這段偶遇，讓我想到，有不少畢業生回來時，有著與賢慧類似的感受，覺得脫離學生生活後，才知道，原來能當學生，是一件多麼幸福的事情。特別是當他們遇到工作上的困境時，更會懷念過去當學生的日子，有些甚至會後悔沒有好好把握那時，盡力學習。

人就是這麼矛盾，身在其中的時候，往往不覺得有什麼，等到失去後，才開始回味以前的美好。

所以，親愛的同學，請好好把握學生時代的日子，不要用失去的方式，來學會珍惜當下；不要用後悔的方式，來學會把握身邊的人事物，以及所擁有的一切資源，好嗎？

同學，老師跟你們一樣，也是跌跌撞撞的過來人啊！

「老師，你很早就知道自己將來要做什麼嗎？」

「老師，你以前一定很會唸書很優秀吧！」

「老師，你以前應該是一帆風順吧！」

課堂上、諮商室裡，學生總愛這樣問我。

「我有很早就知道自己的目標嗎？我有很會唸書很優秀嗎？我有一帆風順嗎？」

我問自己。

其實沒有，不只沒有，我甚至現在也不太確定有沒有達到我的目標，即使我成為了一名老師，我依然在想，自己適不適合這個工作？將來還有什麼想做的嗎？還有哪裡不足？還有沒有其他的可能性？

而這些問題，我從學生時代就開始想了。

國中一年級的時候，學校有分班制度，分別是資優班、升學班以及後段班，我就待在後段班，白話來說，就是被學校歸類為不會念書的一群，學校針對不同類型的班級，設計不同的試卷，分別為資優班的特殊卷、升學班的A卷以及後段班的B卷，在那個年代，這樣的編班制度，背後的教育美意其實是希望讓學生可以按照自己的程度適性學習，老師也可以依班級的程度，進行符合該班能力的教學。

不過實際上，全校的師生都知道，這樣的編班，就是將學生依念書能力進行分級，最高級是資優班，次之是升學班，末端是後段班。雖然沒有人明講，但全校瀰漫著一種氛圍，就是資優班和升學班的學生，是比較優秀的一群，而後段班的學生則是比較次等的一類，厲害的考特殊卷或A卷，次等的考B卷。

那時候我很焦慮，因為多數的同學都很安於「後段班」這個標籤，沒什麼人想認真唸書的，可怕的是，很多老師也樣認定，上課時教得很淺，常常課上到一半就在閒聊，同學也沒什麼在聽，很多課都輕輕鬆鬆地就帶過，上課常常在亂哄哄的狀況下度過，「不要教得太難，反正我們是後段班，不會唸書，越簡單越好」好像變成一種師生的默契，雖然有少數的任課老師想教得深入一點，但也敵不過這樣的班級氣氛。

「不用那麼認真啦！反正我們是考B卷！」

同學這樣跟我說。

誰有標準答案？

我確實也沒有很認真，每天就在跟同學打打鬧鬧的過程中過去。第一次段考的時候，我嚇到了。考試前我並沒有做太多的準備，考完以後也覺得不理想，結果，我考了第一名，而且第二名的分數遠遠低於我，這是我以前從來沒有考過的名次，不只是第一次段考如此，整個學期我都考了第一名。

某次有位認真的老師，看著台下的同學玩成一團，沒人在聽課（我也是沒在聽的其中之一），就在課堂上寫了一道困難的題目，抽點同學上台解題，連續點了好幾位，都沒人解得出來，最後點到我，我也不會。

老師顯得有點生氣，因為這個題目幾分鐘前他才剛講過，竟然沒有人會，於是他說：「你們班第一名是誰？第一名的同學總該會了吧！請第一名的同學出來！」

全班陷入了一片沉默，沒有人回答。

老師又問了一次：「你們班第一名的同學是誰？請上台解題。」

全班面面相覷，尷尬地指了指站在講台上解不出題的我，「老師，第一名已經在台上了……。」

老師先是露出訝異的表情，隨即無奈地搖搖頭，揮揮手請我下來。那時我就在想，我的目標是什麼？我是要認份地繼續留在這個「後段班」，輕輕鬆鬆、吵吵鬧鬧地過完國中三年，還是要想辦法離開這裡，看看自己還有沒有點本事？

我決定試試自己的能耐。

在一次全校性的重新編班考試中，我卯足勁準備，考進升學班。升學班的氣氛截然不同，大部分的同學都期許自己考上前幾志願的學校，將來進到好學校，找到好工作。

我開始在想，我將來要做什麼？

我想了很久，想不出來。

那時候班上同學多數都以第一志願為目標，首先是要進到第一志願的高中，接著要進到第一志願的大學，然後，進到第一志願的科系。第一志願的科系是什麼呢？是醫師。

「當醫生可以救人，被人尊敬，穿白袍又帥！」我心裡這樣想。

於是我在這個第一志願的班級氛圍中，以醫師為目標，拚了命的念書，結果發現，再怎麼努力，也無法達到頂尖。

我印象很深刻的是，老師常常會在某些遺失標準答案卷的課堂小考中，拿那些前幾名同學的考卷答案，作為標準答案，讓同學作為互相批改考試分數的標準，而這些同學的答案，除了偶爾在少數題目答錯外，幾乎真的就是標準答案。而我的試卷，從來沒有被拿來當過標準答案。

於是我認清，自己的能力，應該很難考上醫學系的。

國中即將畢業時，我又開始在想，我將來要做什麼？我同時報考了高中、高職以及五專三個不同制度的聯考。聯考結果出爐，我的分數是上不了前幾志願的。

因為原先當醫生的目標破滅，對於將來要做什麼，我還是沒有方向，所以對於要選擇那一個升學制度，我內心是很猶豫的。

家人建議我唸職校或五專學技術，但我知道自己手藝很差，家裡的東西拆開就組不回去，也不喜歡實做，最後還是選了高中，想說進到高中後，還有機會思考自己將來的方向。

進到高中後，數理較強的我，本想往數理方面發展，但聽師長說，自然組很難唸，結果我就選了社會組，唸得非常吃力，但又沒有勇氣轉類組，就硬著頭皮唸下去。即使我再怎麼認真，成績勉強都只能勉強維持在中等左右。

高三時，我又開始想，自己將來要做什麼。

我跟家人討論，家人鼓勵我唸商科，因為那時候唸完商學院出來，工作比較好找，但我很清楚知道自己不喜歡從商，想了想，覺得自己在學校裡面和其他同學討論功課的經驗還不錯，同學問我問題時，我好像都可以仔細解答，便心生當老師的念頭。

因此在考完學測參加推甄時，我選了特教系，但在參訪過特教學校後，我才發現，自己不適合走特教，所以進到了推甄第二階段的面試和筆試階段時，我放棄了筆試，以落榜收場。

我焚膏繼晷地拚命啃書，好追上因為參加推甄而落後的讀書進度。

大學聯考放榜，選填志願時，我又再一次面對將來要做什麼這個問題。我本對文學有點興趣，想要念文學關的科系，但因為國文考差了，沒辦法進到相關的科系，最後按照分數排序，進了心輔系。

這下慘了，因為我完全不知道心輔系在學什麼，所以我很焦慮，焦慮自己跟高中一樣，選了一個不適合自己的領域。於是大一剛入學後，我便到處去找系上的教授請益，想了解心輔系到底在學什麼。

「你不用這麼著急，大一、大二的理論課修完，你就會有一點基礎概念，等到大三、大四的實習課，你就會更了解我們在學什麼了！」系主任將一杯茶遞到我面前，同時喝了一口他自己杯中的茶後，淡淡地說道。

焦慮的我離開系主任辦公室後仍是一頭霧水，於是我又找了另一位教授請教。

「我們學的就是如何應用心理學來幫助受困的人們！」心理學教授耐心聽完我的問題後，給了我這個答案。

「只靠談話就能夠解決人們的困難了嗎？」我很疑惑，因為我從來沒有相關的經驗，也不相信對談能解決什麼。

「這個必須要等到你開始實習，有親身體會以後才會了解！別著急，先認真讀看看再說！」教授給了我一個溫暖的微笑。

雖然教授的回答給了我一些方向，我依然覺得焦慮，特別是當我知道，班上有一位同學覺得自己念錯系，立刻提出休學申請重考後，更不知所措了。

於是我又陸陸續續請教了幾位不同的教授，都無法得到滿意的答案。我除了懷疑自己就讀科系的專業性外，也擔心將來就業時找不到工作，可是我沒有辦法休學重考，一方面是時間經濟不許可，另一方面是即使重考，我還是不確定自己要選什麼科系。

最後，我決定輔修第二專長來處理這個焦慮。我一邊認真地修完心輔系的課程，一邊努力地輔修國文第二專長的學分，就這樣帶著不安，非常認真地學了四年。

畢業的時候，我雖然對心輔系的專業有了多一點的了解，但我知道，自己在諮商的專業技能實作表現，並不理想，對此我感到非常挫折，懷疑自己的能力。為了處理對自己的質疑，我報考了研究所，想要驗證自己四年所學的成果，雖然僥倖備取吊車尾考上，但這個結果，並未消除我對自己的質疑，反而讓我更加憂慮。

於是我選擇辦理研究所休學，先投入教甄考試。我四處報考，都沒能考上，更加懷疑自己的能力，一度想過是不是要放棄當老師、放棄這個心輔領域，轉行從零開始。

不過，那時又覺得自己認真學了四年，不能做相關的工作，很不甘心，後來就回學校唸研究所，邊唸書邊準備考試，陸續又考了好幾次教師甄試，卻都還是落榜。

不只如此，研究所的學習過程也讓我感到十分挫折。我的專業督導就曾當面質疑我，並沒有真正精熟一個治療理論。於是我拚了命地鑽研，好不容易在碩士畢業前，經營出自己的治療風格。

「如果當完兵，還是考不上老師，或順利當上大學正職心理師的話，我就重新思考自己將來的方向。」我給自己下了最後的通牒。

接著我又開始了四處求職、考試的生活。

我們未必能決定結果，但能選擇如何面對過程

終於，在當完兵退伍那一年，我考上了正式教職。但考上正式教職後，我發現面對各種挑戰時，還是有很多的不足，還是常常會覺得焦慮、懷疑自己，所以我仍不斷努力地充實自己的學養。

所以，親愛的孩子，站在你們面前，身為老師的我，跟你們一樣，也曾非常迷惘、非常焦慮自己不明確的未來，對自己感到懷疑，一路跌跌撞撞。

我並沒有很早就知道自己要什麼，也沒有你們想像的優秀，沒有比你們聰明，更沒有一帆風順。

「如果你沒考上怎麼辦？花了八年在同一個領域，結果發現自己做錯決定，選錯科系，到頭來什麼都沒有，從零開始，不是很慘嗎？」曾有人這樣問我。

我相信，每個經驗都不會白費，就像國中待在後段班的日子，以及高中、大學選組選系的迷惘經驗、研究所的挫敗經驗、屢戰屢敗的求職經驗，雖然都對當下的我造成打擊，但也磨練了我的心志，

讓我認識了自己的不足，學會不輕言放棄，也讓我知道，興趣和能力是可以透過努力培養出來的，而這些經歷，現在更化為養分，讓我在處理類似的學生問題時，更能理解他們的困境，更知道怎麼協助他們。而這些經驗也成為我在面對將來各種未知的挑戰時，最強而有力的鼓勵——既然我過去都能夠處理這麼多困難了，現在跟將來也可以。

我們很難保證人生的每一個決定都是完美的、正確的、都是百分之百適合自己的，但是我們必然可以決定，要用什麼方式面對這些不如意，我們可以選擇從此一蹶不振，自怨自艾，每況愈下，也可以選擇打起精神，努力將生活經營成自己要的樣子，化危機為轉機。

如果當年我沒考上老師或大學心理師，一定會對我造成重大的打擊，但我想我不會因為這些挫折就逃避面對問題，中斷思考，放棄尋找其他的可能性，因為我知道，我是自己人生的作者，無法將經營生活的責任推給別人，我也相信，這些過去的歷練，不會白費，端看如何運用而已。

親愛的孩子，老師跟你們一樣，也跟多數人一樣，都是在跌跌撞撞的過程中成長過來的，當你面對任何不如意時，請你轉頭看看你的身邊，你會知道你並不孤單，所以，面對挫折時，請不要輕言放棄，好嗎？

Part 2

孩子，學習本來就會累

孩子，
學習過程中，不如意是很正常的，
如果你一路順遂，才應該要害怕，
因為你會錯失從挫折中實習的機會！

有時候並不是因為你很笨，或是因為你真的學不來，
單純只是因為，學習本來就會累！

考試會考的將影響你的分數，
考試不考的卻往往影響你的人生，
兩個都一樣重要！

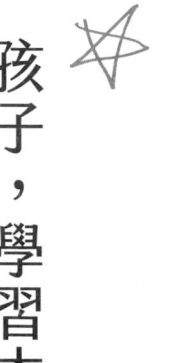

老師，我真的很笨嗎？

爽朗的笑容，黝黑的皮膚，全身散發剽悍的氣息，這就是「明翰」，一位充滿朝氣，青春正熾的大男孩。

這天下課後，我看到他站在辦公室門外的身影，不若以往的颯爽，取而代之的是沉鬱蕭瑟。

原來這天，公布了「性向測驗」的結果。

同學們將性向測驗結果解讀為聰明才智的指標，不幸的，明翰的分數正好敬陪末座。

「老師，我真的很笨嗎？」明翰雙手拿著測驗報表，落寞地問著我，往日自信的光采，消失無蹤。

「你這個看法從何而來呢？」我看著他遞過來的測驗報表，上面除了語文方面的向度在平均之上，其他的向度百分等級全落在40以下。

「同學說這就是智力測驗，而智力是不會改變的，而且我的機械推理和空間關係簡直慘不忍睹，同學下課就在那邊比來比去的，講超大聲的。」明翰神情顯得更為黯淡了。

聽完明翰的敘述後，我更仔細地檢視測驗結果，發現報表上理工向度的百分等級是在20左右，這對理工科別的他來說，無疑是嚴重的打擊，尤其當我回想起明翰所處的班級中，有不少以取笑他人為樂的同學，更能理解明翰為什麼會這麼在意了。

這樣的狀況對我來說並不陌生，因為即使老師在講解測驗時做了很多的說明與澄清，很多學生仍會這樣進行解讀，而且，在我自己還是學生的時候，其實也這樣認為。

「很普通很普通」與「大概我是天才」

記得我國中時，剛入學沒多久，學校就宣布天要幫所有新生進行團體智力測驗，測驗前一天，我便聽到隔壁班的幾個同學在討論測驗的事情。

「聽說明天的智力測驗題目會很多，多到寫不完。」人高馬大的小明說道。

「對啊！不過我跟你說，你記得不會寫就用猜的，猜也要把題目猜完，這樣分數會比較高。」小華說的斬釘截鐵。

「分數高低會有什麼影響嗎？」小明搔搔頭問。

「我也不知道，大概是代表很聰明之類的吧！不管，反正你記得要猜完就對了！」小華叮嚀似地再次提醒。

聽完他們的談話後，我心裡有些疑惑，一方面不太確定智力測驗的目的，另一方面不知道是不是真的要用猜的。

隔天，我還是依著自己答題的習慣，一題一題地慢慢寫，但題目果真是多到寫不完，一直到時間結束時，我還有一大半沒完成。

過了一陣子，分數出來，大家就在討論智力測驗的分數。

「你幾分？你幾分？」、「哇！你的分數好高喔！」、「滿分是幾分啊？」、「六十分及格嗎？」幾個同學聚在一起議論紛紛。

突然有個同學衝過來，冷不防地，一把搶走我的測驗報表。

「喔！哈哈！很～普通～普通的分數喔！」同學大聲地嚷嚷，毫不留情地幫我宣傳，同學們隨即開始用分數標籤彼此。

「聽說有人考一百多分，好厲害喔！不知道是誰，一定很聰明！」

「我的分數好低喔！這樣是很笨的意思嗎？」

「這個分數是不是告訴我我不適合唸書？」

「超過一百分，我應該是天才吧！」

在那個年代，老師並不會對測驗結果做太多說明，因此同學們猜測討論熱潮，在班上持續了一段時間。但時間一久，大家發現，成績以及各方面的表現，和測驗結果似乎沒有必然的關連，這件事情也就慢慢落幕。

智力是不會改變的，不是嗎？

「老師跟你說，其實老師以前測驗分數也不高，遇到的狀況跟你類似，但其實我們後來都發現，測驗結果可以參考，但不是絕對。」我一邊回想學生時代的測驗經驗，一邊跟明翰分享。

「可是智力不是不會改變嗎？」明翰疑惑地看著我。

「測驗是人編修的，既然是人編修的，就會有限制，也沒有百分之百，就像電腦作業系統一樣，是需要常常更新的，老師研究所時，也有編製過一些簡單的量表，所以會知道編製過程的限制。」雖然回想起我研究所那段寫論文寫到昏天暗地的日子仍心有餘悸，但到現在還是可以從那過程中汲取許多養分，得以跟學生分享，真是由衷感謝。

「真的嗎？但測驗不是專家編製的嗎？」明翰顯然對測驗的結果非常的信服。

「恁老師我也是專家啦！」我刻意抬頭挺胸，裝模作樣地說道。

「是是是！我知道老師是很專業的！不然我也不會有問題就來找老師討論！」明翰忍不住笑了出來。

「呵呵！知道就好！回到正題，性向和智力所指稱的內涵雖然有重疊之處，但兩者並非劃上等號，性向比較常被用來評估學習基礎能力或學習潛能，智力指的則主要是整體的心智功能，而不管是能力、潛能或是心智功能，其實都受後天學習影響甚深，是會變化的。」我斂起玩笑語氣，正經八百地說道。

「但以前有老師說過，智力是不會改變的，不是嗎？」明翰也收起笑容，認真了起來。

「以往智力的確被認為是不會改變的，就像大腦以前也被認為固定不變，大腦功能只會隨著年齡越老衰退地越嚴重，不可能有新細胞生成，但自從大腦可塑性被發現，且不斷地被驗證，這樣無法改變的觀念，已經需要修正了。」我常發現，很多來談的孩子，其實往往只是卡在某一個觀念，他們需要的是「知識的再升級」，因此我常會在晤談中，針對他們卡住的觀念，提供一些新的資訊。

「大腦可塑性？」明翰滿臉問號。

「大腦可塑性的意思是說，我們的大腦是會因為學習而有所改變的，不會一直都是固定的樣子，舉個最簡單的例子，就是你覺得現在十六歲的你，跟六歲時候的你有什麼不同嗎？」我問。

「變高變帥吧！」明翰挑了挑眉，得意地說道。

「是啦！是啦！我知道你很高很帥啦！可能因為很高呼吸到的空氣也很新鮮，所以就長得更帥啦！但我想問的是，除了外表以外，你覺得自己的心智有什麼不一樣嗎？」明翰的回答，一度讓我很想翻白眼，但這才是他原有的開朗模樣。

「嗯……多學了很多東西，比如說識字、加減乘除啦！也比較知道跟別人互動之類的。六歲跟十六歲當然差很多！」明翰答道。

「沒錯，十年前的你跟現在的你心智確實會差很多，但這個差距是怎麼產生的呢？」我問。

「就學啊！慢慢學，然後慢慢改變啊！這不是很正常嗎？大家都這樣啊！」明翰露出了疑惑的表情。

「你講的很有道理，慢慢學，慢慢改變，這就是大腦可塑性，科學家發現，我們的大腦就是這樣一個可以透過學習，不斷更新成長的厲害角色！而且如同你所說的，大家都一樣，每個人都具這樣的能力！」我點點頭。

「但這很普通，大家都知道啊！每個人經過十年，都會有很大的改變，大家都有這種能力，也沒什麼特別的，我會改變的話，別人也會改變，我變聰明的話，別人也會變聰明，這樣下來，我還是比較笨不是嗎？」談到笨這件事情，明翰開始又顯得有些沮喪。

「可塑性讓大腦具備改變成長的本事，但大腦會不會改變，以及會產生什麼改變，則是跟學習了什麼有關，每個人會願意花時間學習的事情不同，所以每個人的改變會不一樣，專長也會不一樣。」看著黯淡的明翰，我試著做更多的解釋。

「嗯！」明翰有氣無力地答道。

「我舉個更具體的例子好了，你知道哪裡的計程車司機最不好當嗎？」我試著引起明翰的興趣。

「最不好當的計程車司機？臺灣吧！交通亂七八糟的！」明翰皺了皺眉頭。

「臺灣交通有時確實很混亂，但我們的道路複雜度不算太高，以道路複雜度來說，英國倫敦的複雜度應該算是全世界數一數二的複雜，倫敦的街道超過兩萬五千條，而且還有很多單行道，走錯的話，要繞很遠。」我說。

「兩萬五千條？這麼恐怖？」明翰感到非常訝異。

「真的，就是這麼恐怖，所以那邊的司機，認路的本領必須要是一等一才行。」我讚嘆地說道。

「那邊的司機真是太強大了！」明翰也顯得十分佩服。

「所以呢，就有一群科學家就去研究，這些倫敦司機的大腦，到底跟一般人有什麼不同，結果發現，這些司機大腦中的海馬迴後側比一般人更大，而且隨著年資越長，會越大，而這個地方是主責空間導航的部位，也就是說，這些司機越常重複學習與練習與道路有關的資訊技能，對應的大腦部位的成長就會越明顯，不只如此，科學家也在其他專家身上發現類似的情形，例如，職業音樂家與聲音有關的聽覺皮質，比一般沒有學音樂的人大25％；小提琴家，他們負責左手按弦的右腦部位，也比一般人大；甚至一般沒有學過樂器的人，只要經過一週的鋼琴訓練，他們大腦中負責彈琴的手指部位也會變得更發達更活躍，而一旦練習停止，就會恢復到原本的狀態。[5]」我說。

「是喔！這麼神奇！」明翰搔搔頭。

「就是這麼神奇！這說明我們越常使用或練習某件事情，大腦相應的部位就會跟著成長與改變，大腦就像肌肉一樣，是可以透過日積月累的訓練而進步的，會越用越強，換句話說，能力，甚至是智力，也是會因為我們的努力與學習而有所精進的。所以，不要用測驗結果作為判定自己很笨的標準。」我說。

「原來如此！」明翰點點頭。

「測驗的結果只是告訴我們，**我們在不同領域現階段的狀況**，是現階段，至於會不會一直停留在這個狀態，就要看你有沒有意願想改變，我們的大腦，是有能力成長的，只要你願意花時間花力氣去努力與學習，大腦就會不停地成長！」我繼續解釋。

「那老師，我應該不是很笨囉？」明翰瞪大眼睛看著我問道。

聽到明翰的回答，我差點跌倒，不禁想，前面講這麼多，好像都沒被聽進去，但我知道，明翰之所以這麼在意心自己是不是很笨，一定是「笨」這個標籤對他的殺傷力很大，於是我決定正面回應關於測驗結果與「笨」這件事的關連。

「如果你有認真做測驗的話，從現階段的測驗結果來看，你除了語文之外的領域，理工的學習基礎確實不理想，但這不代表不能改變，『笨』這個字是一個固定不變的結論用語，但我們的能力和大腦從來就不是固定不變的狀態，除非你不想改變，所以如果你問老師，老師會覺得沒有所謂的『笨』，也希望你不要用『笨』這個字來傷害與低估自己的心智能力，老師希望你把問自己是不是很笨的力氣，用來想改變這件事情。所以你應該問自己的是，你有沒有意願改變你的能力？」我推了推眼鏡說道。

「老師！我願意！」明翰突然大聲地說道。

「你可以小聲一點嗎？這樣別人會質疑我的專業性的……」我雙手一攤，又想翻白眼了。

「好啦好啦！我們的輔導老師最專業了！」明翰露出了招牌的爽朗笑容。

看著明翰離去的身影，我呼了一口氣，心想：「原來他還是有聽進去的，只是欠缺我一個正面回應而已，不枉我鋪了這麼長的梗了！」

老師，我就是學不來

「新陵」頂著一頭泡麵般的亂髮，眼皮總是猶抱琵琶半遮面般半掩著。在這間學校，他已經重讀一年，上課時仍像重讀前常常發呆，眺望遠方或者打瞌睡，更多的時候則是堂而皇之趴在桌上睡覺；有幾次任課老師試著叫他，他卻大發雷霆，一副要幹架的模樣。

當我問起新陵大發雷霆的原因，他覺得「任課老師故意找他麻煩」，再細問他對自己上課睡覺的想法，新陵沉默不語，我也跟著沉默。過了一會，他終於開口：「老師講的我就聽不懂，我就是學不來ㄇㄟ！」

「藍德」也有類似的情形，他戴著黑框眼鏡，頭髮整齊分邊，斯文的外表，很難讓人相信，他上課時，都在看小說。任課老師告訴我，他的眼睛永遠離不開桌子底下的小說，每次提醒他，或上前關心他，他總是靜靜地注視著老師，然後用握在手裡的原子筆，不斷戳著桌面上的小洞，一句話也不說。

帥氣的「皓遠」，同樣也是人在課堂心在窗外，他的制服釦子永遠只扣中間一個，制服內黑色的汗衫顯眼地外露，他整堂課都在滑手機，偶爾抬頭看一下在講台上的老師，露出像是在看綜藝節目般的神情，常常曠課不見人影。他被轉介來輔導室時，卻意外地健談。他說他從以前就知道，自己不是讀書的料，也曾經試著努力過，但發現好像怎麼學都學不來，於是就放棄了，他開始花時間打工，覺得打工才是正職，上課是兼職。

面對這些欠缺學習動機，放棄在課堂上學習的孩子，我一直在想，我可以做些什麼激起他們的學習動機。他們的動機低落，有部分來自於過去的挫敗造成的自我懷疑，他們打從心底看不起自己有能力學習。

願意學得越多，也會幫自己學得更快

我想來想去，終於想起了心理學家曾為這類孩子開過一個專門的學習班，這個學習班的課程內容，主要是教導大腦的知識，教他們費力學習是如何使得大腦產生改變，進而影響記憶，讓這些新的知識與技能得以成為個人內在的一部份，這個學習班同時也向這些孩子傳遞「智力的發展是因為努力和學習引發大腦產生改變而來，並非自然的結果」這樣的觀念[6]。

這些上過學習班課程的孩子，回到原班上課後，學習態度比從前積極正面了許多。因此我決定依樣畫葫蘆，東施效顰一番。我一方面忙著閱讀了許多與大腦、學習有關的研究和書籍，另一方面也在構思如何將這些新知融入課程與諮商專業中，幾經構思與摸索後，終於，我決定開一個以學習為主題的小團體。

我公開招募對這個主題有興趣的學生參加，同時也試著邀請，外加小小的威脅利誘，希望新陵、藍德以及皓遠能夠進到這個團體，但最後只順利說服了藍德加入，雖然如此，藍德在後續的團體中，卻總是保持沉默，就像面對所有老師的反應一樣。

在團體開始之前，我把所有報名的學生找來，確認一下他們參加的動機與期待，並視情況做進一步的說明與澄清。

「希望可以從中學到學習的秘訣，從此可以成為人生順利組，學習可以都很順利！」皮膚黝黑的「阿保」用爽朗的聲音說著。

「想要對功課有幫助，希望能夠認識不同的讀書方法，找到最有效率的策略。」戴著金邊眼鏡，眼睛炯炯有神的「大白」立刻接話。

「希望本活動能分享一些提升成績的方法，讓我可以很快提升班級排名，將來考上第一志願。」長髮飄逸的「倩倩」跟著回應。

「同鞋，請看清楚報名表上的說明，恁老師我開辦的是學習主題小團體，不是普龍宮神明降臨『保佑考試一百分』祈福晚會，也不是龍鳳無敵第一志願重考保證班。」雖然學生踴躍發言的狀況讓我很高興，但在聽完其中幾位學生對這次團體的期待後，我內心還是忍不住出現這一段內心戲的對話。

如果我真的有這種可以很快提升班級排名，成為人生勝利組的最有效率策略的話，現在我人也應該不會出現在這裡了吧。

「很高興同學能夠勇於表達自己的看法，這也是推動團體運作的重要動力，但老師要先做個澄清，這個團體的目的是在協助各位探索自己的學習方式，分享與交流彼此的經驗，此外，老師也會補充一些跟學習有關的新知，讓大家可以進一步思索自己在學習的過程中，有哪些可以調整的，但是關於神奇速效的學習方法，在團體中可能不見得能夠提供。」我認真地對剛剛幾個學生所說的內容回應，希望他們對團體不要有錯誤的期待。

「老師，我覺得是有這種方法的。」阿保用同樣爽朗的語氣，表達他的意見，一旁的大白和倩倩非常用力地點頭表示贊同。

「喔！那你知道這種方法是什麼嗎？老師很有興趣，相信其他同學也很想知道。」我專注地看著阿保說。

「嘿……我還在找尋找當中，還沒找到啦！但我覺得應該是有這種方法的。」阿保用右手搔了搔頭，略顯靦腆地笑了起來。

『最好是找得到啦！恁老師又不是第一天出來混的，混這麼久，從來沒聽過也沒看過有什麼神奇速效的學習方法，如果真的有這種方法，早就被推廣到全世界了，發明人應該也得諾貝爾獎啦！』我忍不住又上演了澎湃的內心戲旁白。

「那在之後的團體裡面，你們可以跟大家分享自己的看法和想法，我們可以一起討論看看，只是老師目前真的不知道有這樣的方法。」我平和地回應阿保，並環顧所有參加的學生。

從學生的回應中，我發現了他們對於速效學習的迷思，我希望從團體中，可以打破他們這些原有的迷思，於是我將團體分成四個主題，分別是「我們都具備成功學習的能力」、「成功學習的關鍵」、「成功學習的代價」以及「學習經驗分享」。我在每個主題中，都融入許多的大腦新知、案例研究以及實際生活經驗，企圖讓這些關於學習的迷思，得到澄清。

每次團體的流程分成兩個階段，第一個階段是讓學生就不同主題進行討論與分享，第二個階段則是由我針對該主題的不同面向進行新知的補充說明。透過這個過程，讓學生有機會表達自己意見，也能聆聽他人經驗，並進行思考，同時也能釐清迷思，吸收新知。

我告訴他們心理學家開設學習班的故事，說明認識大腦，才會知道自己是多麼幸運，擁有具備無限制升級能力的生理硬體，讓學生理解其實每個人先天都有成功學習的能力，因為學習本身就會啟動基因釋出大腦衍生神經生長因子，而這類的神經生長因子，能夠助長新的神經連結產生，加速學習，所以當我們願意學得越多的同時，也會幫助自己學得更快[7]，而這些越多越快的學習，會再回過頭進一步建設與更新我們大腦的軟硬體設備，形成一種持續成長的良性循環。我想要他們知道，自己擁有一個多麼了不起的先天設備—大腦，即使用全世界排名最快最強大的超級電腦來模擬人腦運作[8]，動用數萬個先進的處理器來模擬人腦的活動，耗去40分鐘的時間，才僅能模擬人腦在一秒鐘內1％的運作情形。

我努力地為他們建立健康的大腦概念，目的是希望他們在面對課業挫折時，可以用這些概念去取代「我就是學不來」或「我就不是讀書的料」這類自我否定的內在語言，我教導他們大腦的知識，讓他們明白長期的學習會讓我們的大腦產生改變，但這樣的改變要維持下去，持續的努力是必要的。

我舉了許多科學家的研究來佐證：只要給大腦足夠的時間學習，並經過反覆練習，大腦是會不斷成長的，例如刻意訓練參與研究的受試者練習拋接三顆球，即使每天只有持續一分鐘，在連續三天的練習後，左腦後側的頂葉內溝與中顳葉中負責處理視覺運動訊息的部分都會有增大的情形，但只要停止練習，經過一段時間這些區域就會恢復原本的大小。[9]

為了避免全都是太過生硬的大腦數據，讓他們覺得太有距離，我也講了一些與人們生涯有關的研究，例如就曾有學者針對包括鋼琴家、雕刻家、奧運游泳選手、世界級網球好手、數學家與神經學研究人員等在各個不同領域成就非凡的人們的生涯去做探究，發現這些人在小時候還未接受過專業訓練時，並未展現出任何過人之處，即便進入青少年時期，仍未有特別優異的表現，但是透過他們後續的長期努力與自我激勵，都有了傑出的表現[10]，讓他們去對照自己和這些傑出人士在同樣年齡階段的成就，其實真的沒有他們想的那麼差，只要現在願意努力，一切都不會太遲。當然，我也實際分享了他們畢業學長姐的例子，讓他們覺得更親切，自己也是有可能改變的。

我希望他們在瞭解這許多科學的研究與發生在身邊的實例後，面對漫長的學習歷程，經歷挫敗而即將失去動機時，心裡可以浮現這些我曾教導過他們以及我們共同在團體裡討論過的內容，用科學的證據，用有溫度的故事，鼓勵自己堅持下去，給自己多一點的時間和機會，再做多一些的嘗試，而不是很快就放棄。

我想要讓他們知道，只要肯學習，只要肯努力，我們的大腦就會給我們回饋，所以，不要再用「我就是學不來」、「我不是讀書的料」來看輕自己，並重複打擊自己了。

經過了許多努力，這個團體圓滿的落幕了。但在帶領團體的過程，我的內心一直是處在既期待又怕受傷害的狀態中，期待的是，他們真的可以透過參與團體，達到強化學習動機，增加挫折容忍力的目的，並釐清學習迷思；擔心的部分是，這是我第一次嘗試設計這樣的課程與帶領團體，不知能有多少成效，而學生在討論過程中的沉默，或在聆聽我教導大腦知識過程的皺眉，都讓我有些患得患失。

這樣的內心情緒起伏，在每次整理學生們對團體的回饋單後，都稍微有放下一些，雖然不是所有成員都完全是正面的感受，例如有些人的回饋單是空白的，或是寫著「不知道」、「沒想法」、「覺得沒什麼特別的」，但多數參與團體的成員都很肯定參與過程的收穫。

例如有成員提到自己對於學習這件事的體悟是：「靠自己後天努力比較重要」、「學習是一種累積，並非讀多少有多少或有速成方法」、「要有規劃、不放棄，一直找尋方法，沒有走不通的路，只有不想走的人」、「努力不一定會成功，但願付出總是會進步的」。

而我最在意的大腦課程，原本我很擔心講述過程是否會太枯燥、太生硬或距離他們太遙遠的這個團體環節，成員出乎意料地給了許多正面的回應：「原來我們的大腦那麼厲害，可以記憶的比超級電腦還要更多，也能運算和思考」、「每個人的潛力是無限大的，不能輕言放棄自己的潛力」、「大腦的潛能無限，所以凡事都要試試看」、「頭腦如果越去使用越去思考，他的功能會比你所想像的還要更廣」、「經常學習不同方面的東西，刺激腦神經連接，反覆練習，成功就不遠了」、「人的腦袋潛力無窮，可以透過任何方式使自己變得更聰明，不要放棄自己」。

在團體結束後，同學在回饋單寫上下了想對我這位帶領老師說的話，也給了我很多鼓勵，包括了：「這次活動要感謝老師有項活動讓我參與，雖然不是能找到學習方法，但我瞭解了自己大腦與能力的無限可能，我會盡量去嘗試」、「學到很多東西，老師謝謝」、「感覺還不錯，有機會再參加」、「我可能會再參加一次」、「下次也請邀請我」。

雖然準備帶領團體的過程很辛苦，我做了很多的功課，大量閱讀了自己原本不是那麼熟悉的大腦領域的書籍還有研究，試著用淺白的方式講解，並費力地將這些知識與學習這個主題整合在一起，但同學們給我的許多回饋，都讓我覺得這些努力是有價值的，我自己也從中學習到很多。

遺憾的是，我還是沒能把像新陵、皓遠這類的許多孩子，全部一起拉進來參加團體。我後來分別跟新陵還有皓遠個別談了幾次，也試圖把這些在團體中的精華融合到會談裡，可惜還是新陵還是繼續睡——睡到他無法畢業，而皓遠最後也休學工作去了，我想可能有部分的原因是他們沒機會跟同儕去討論或分享類似的經驗，沒有機會知道自己其實並不孤單，也有可能是：**他們對自己的否定根深蒂固**，覺得不論怎麼學或學什麼都沒用，加上外界的負面標籤，因而完全地自我放棄。

如果可以的話，我想要告訴這些許許多多的新陵們或皓遠們：

「親愛的孩子，你太小看自己了，不是你學不來，也不是因為你不是讀書的料，而是你沒有給自己足夠的時間與機會認識自己真正的可能性，沒有誰天生下來就注定要成功或失敗，每個人都是可以透過努力不斷地提升和成長自己的，只要你願意多幫自己打氣，多給自己一些鼓勵，讓自己再多堅持一點，你會發現，你遠比自己以為的還要傑出許多，**不要太早就為自己的各種可能性下有限的悲觀定論**。」

老師，為什麼專心那麼難呢？

我曾和許多有學習困難的孩子晤談過，發現影響他們學習最重要的關鍵之一，在於學習過程能否保持專心，例如，曾經就有的學生說「要不分心是非常困難的事情」；也有學生說「讀書時常被手機或電腦誘惑，坐在書桌前兩個小時，有超過一個半小時都在滑手機。」還有學生問我：「老師，為什麼專心那麼難啊？」

這些無法專注的情形，在課堂上更為明顯。常有學生以課本為掩護，偷偷拿手機出來使用，以為神不知鬼不覺；或是將耳機從衣服內部穿入，再由頸部的領口穿出，接著用頭髮遮掩住耳機線，堂而皇之地在課堂上戴著耳機聽歌；有的是將其他課外書籍藏在書桌底下看；有的是和鄰座同學聊天聊到忘我；有些是眼神時常飄到教室外，神遊太虛；有些是在課本上畫畫；有的照鏡子、梳頭髮、補妝、摳指甲、挖桌上的小洞；還有一些是打瞌睡或直接睡著的。

在我的實務經驗中，這些長期無法在課堂上保持專注的學生，往往也面臨學習上的困難，他們的困難同樣來自於無法保持專注。我認為，這些未能在課堂上保持專注的學生，其課業成績也會較低。為了驗證這個想法，我在任教班級的課堂上做了一個觀察實驗。

我在一堂以「如何有效學習」為主題的課堂上，讓不同班級的學生，分別看了兩部與專注力有關的影片。

我所播放的第一部影片是美國心理學家西蒙斯（Daniel Simons）與夏布利斯（Christopher Chabris）為了瞭解人們專注力而拍攝的一個實驗影片[11]。影片中出現六個人互相傳球，其中，穿白衣的三個人一隊，穿黑衣的三個人一隊，兩隊的人都各有一顆籃球。這六個人不斷交錯位置將籃球傳給同隊的人。有一位穿著大猩猩衣服的人，在傳球活動進行到一半時，進到畫面的中間，用雙手拍打胸部後離開。

我按著原實驗團隊的設定，依樣畫葫蘆地要求學生仔細數穿白衣的隊伍總共傳了幾次球，由於兩隊的人不斷改變原有的位置，因此我告訴學生要非常專注才能數出正確的傳球次數。影片結束後，我問全班沒有看見大猩猩出現的舉手，發現約有三分之一的人舉手表示沒有看見，儘管另外三分之二的學生不斷地告訴這些沒看見大猩猩的學生說，真的有大猩猩出現，他們還是不太願意相信自己沒看到這麼明顯的黑色大猩猩，因此我重複播放這部影片第二次，全班的學生這次都看到了大猩猩，那些第一次沒看到的學生，都非常訝異自己居然沒有看到。

我在另外一個班播放第二部影片，是國家地理頻道製播的《腦力大挑戰》的節目，其中一個〈注意力聚光燈〉的單元。影片中，「魔術師阿波羅」用撲克牌進行實驗，他讓參與活動的民眾，在某張撲克牌上寫上姓名後，將該單張寫有姓名的撲克牌放進原有的整副牌中，再請參與者找出該張指定的撲克牌。

阿波羅將指定撲克來放進整副牌中，再用很快的速度將指定撲克牌抽出，很快地黏在自己的額頭上，結果現場參與者完全沒有注意到指定撲克牌已經被抽出，誤以為它還在桌上的整副撲克牌裡面，並全神貫注在眼前的撲克牌，即使參與者在阿波羅問話的時候看著他，依然沒有馬上發現那張指定撲克牌就明顯地黏在他的額頭上；參與這項活動的民眾，平均要花三十秒，才發現指定撲克牌真正的位置。

我在影片播到阿波羅將牌黏在自己的頭上後不久，鏡頭焦點移到桌上撲克牌時，詢問全班「沒看到撲克牌在那裡」的人舉手，結果跟前一個班類似，大約也是有三分之一的人沒有注意到撲克牌其實就是黏在阿波羅頭上，我再接著將影片播完，這些沒看到撲克牌的人，看到撲克牌的位置時，都會心一笑，但也很驚訝自己居然沒有發現撲克牌就位在這麼明顯的地方。

這兩個班的學生對於自己是否看到大猩猩或撲克牌背後代表何種意涵進行了許多猜測，有些人認為看到與否跟聰明與否有關，有看到的代表比較聰明；有些人認為跟注意力有關，有看到的人代表比較專注。我稍微觀察了那些有認真看影片，但沒有看到大猩猩或撲克牌的學生，雖然不是全部，但多半都是上課比較認真的孩子，因此在聽完學生對於看到與否代表何種意義的臆測之後，我也跟同學分享了我的觀點。

我認同部分學生所說的有沒有看到大猩猩或撲克牌與專注度有關，但不同的是，我認為非常專注在數傳球數或留意桌上撲克牌是否被偷拿走的人，比較容易看不到大猩猩或撲克牌。

當然，我的觀點也是一種臆測，沒有堅實的科學驗證為後盾，當初兩位心理學家設計這個實驗時，主要目的是想要瞭解人們的錯覺情形，而非「看到與否」這件事與專注力的相關程度，所以我也不敢貿然對學生下定論說，我的觀點才是對的，其他觀點就是錯的，只是單純希望他們動動腦思考專注的重要性，並將影片當成一個引發動機的暖身，我在後續的課程講了許多支持專注影響學習的研究結果，想要喚起學生對於專注的重視，但學生的興趣在結束影片討論後，就大幅下降，認真聆聽的人比原來少了很多。

上完兩個班的課以後，我花了點時間私下去瞭解這兩個班的學生成績，發現，雖然不是全部專注在影片的學生成績都在班上高分群，但這些因為非常專注而沒有看到大猩猩或撲克牌的學生們，大多數的學業成績都在班級平均以上，而且也是在我課堂上，比較專心聽講或參與討論的人。

專心仍是門花力氣的事！

雖然如此，我還是不認為自己的觀察是可以做常態性推論的，畢竟我的觀察帶有主觀色彩，也沒有經過客觀且系統的評估，觀察的對象也不多，不過這些實驗觀察的經驗，成了我上課很好的素材。在前述觀察的班級畢業後，我以匿名的方式，在新學期所任教的不同班級上論述整個過程，學生顯得非常有興趣，這樣的興趣熱情延續到我在講較為生硬的科學實驗與大腦知識，不同於之前，認真聆聽的學生多了很多。

我打鐵趁熱，連續設計了幾堂談專注的課程。我告訴他們專注力就像暗夜中的明燈，照亮我們的視野，專注力在哪裡，世界就在哪裡。沒有專注，所有的事物就如同處在黑暗之中，我們會視而不見。也告訴他們，當我們處在全神貫注的專注狀態時，大腦衍生神經胜肽這種化學物質會被分泌出來[12]，它會促進神經元間的聯結固化，協助神經元彼此連結，讓改變與學習發生。同時我們也討論了如何覺察與維持注意力等。

講了這麼多，到底對學生有沒有幫助呢？

其實我也不太確定，因為我沒有辦法採取嚴謹的實驗法，去比對有上過專注課程的學生和沒有上過專注課程的學生在課堂上與學業成績的整體表現有何差異，但可以確定的是，我從這個教學相長的過程，更知道如何回答「為什麼專心這麼難呢？」這個問題。我想告訴這些無法專心的孩子：

親愛的孩子，專心的確不容易，要讓自己在學習過程中專心，就跟老師要讓你們在課堂上專心一樣困難。

讓我們先來談談老師如何讓你們在課堂上專心吧！首先，我必須先仔細觀察同學在學習與課堂上的表現，找出專注困難這個主軸問題，確認這個問題對同學來說是重要的，接著再仔細研究問題的成因與因應之道，並將研究結果設計為實際的教學課程，我將這個課程分為「認識專注力的重要性」、「辨識自己的專注力」以及「如何維持長期專注」等主題，接著研讀文獻，蒐集資料，吸收理解後，再將獲得的內容去蕪存菁，整理成為教材，構思如何引起學生動機，決定課堂呈現方式，然後實際進行教學，並從教學過程中檢視成效，反覆調整教學方式，即使做了這麼多努力，還是無法吸引所有學生投入課程，所以仍要持續不斷地學習與調整課程。

親愛的孩子，為什麼專心這麼難呢？因為專心就像設計課程一樣，是一門很花力氣的功課，首先，**我們要先靜下來觀察自己，了解專心對自己的影響力**，把這件事當成重要的事情來處理，找出影響專心的因素，接著列出計畫，擬定出移除專心障礙與提升專注力的各種方法，然後下定決心執行，並持之以恆地檢討執行成效，不停地調整，即使如此，還是有可能面臨各種挑戰而功虧一簣，所以必須持續地督促自己，不要放棄。

親愛的孩子，專心說難很難，說簡單很簡單，端看你有沒有將它放在心上的前幾順位，認真地思考，並堅持地執行，而不只是隨口說說，講過就算。

親愛的孩子，如果你意識到無法保持專心是自己的問題，就請將他當成是一們重要的功課，花心思、用力氣、盡全力地去解決，你不見得是無法專心，而可能只是不願意太累而已！

老師，為什麼要考試？

「老師，到底為什麼要考試？」戴著紅色粗框眼鏡，穿著圓領黃衫，深藍牛仔褲，綁著馬尾，一身俐落打扮的「筱婷」認真地詢問道。

筱婷是研究所二年級的學生，邊寫論文，邊準備畢業後的高考執照，她除了忙論文和考試外，還身兼所上系辦助理，以賺取學費和生活費，這多重的壓力源，隨著即將畢業，讓她感到難以負荷，她從二年級上學期開始，就主動前來諮商中心，每週一次，討論她所面臨的各種壓力源。到了二下，隨著生活越來越緊湊，變成偶爾來諮商中心找我閒聊，不再固定約談，但就在畢業的前一個月，她提早預約了諮商時間，說是想要聊聊。

「感覺考試給妳很大的壓力？」從筱婷詢問的語氣中，我可以感受到她對考試這件事情的情緒。

「當然，從小到大，我已經經歷了無數大大小小的考試，平常考、段考、期中考、期末考、國中升高中的大考、高中升大學的大考、大學升研究所的大考…現在念到研究所了，還要準備畢業後的高考執照，這就算了，也不是考上這個執照就有工作，將來找工作還要再重新考試，真的考得好累喔！」筱婷深深地嘆了一口氣。

「這樣一路考試下來，真不容易，能堅持努力到現在，辛苦妳了！」我完全可以感同身受筱婷的心情，因為我自己也是像這樣經歷無數考試，一路走到現在的。

「老師，你經歷過的考試應該不會比我少，都不會累嗎？到底為什麼要有考試勒？」筱婷突然瞪大眼睛看著我，好像非常期待我的回應。

「恁老師也是人，當然也會累啊！每次面臨要考試的時候，我常忍不住會想，考試真的能測出一個人的能力嗎？特別是上大學以後，更會有這種懷疑，常會覺得考試成績無法如實反應出專業能力的高低！」我搖搖頭答道。

「我也常會覺得專業和成績無法劃上等號，特別是念了研究所以後更是如此，而且我每次大考都很容易表現失常，無法發揮自己真正的實力，所以我很害怕考試，也很討厭考試，偏偏這一路以來，怎麼樣也避不開考試，連以後找工作可能也要考試，到底為什麼要有考試類勒，老師？」筱婷眼睛又睜得更大了。

「是啊！到底為什麼要有考試呢……或者我們換個角度想，如果完全沒有考試的話，會如何呢？妳怎麼想？」對我來說，當事情陷入膠著時，最好的方式就是換個角度思考，與其由我直接告訴筱婷我自認為的答案，倒不如邀請筱婷一起來想。

「沒有考試的話，就比較不會有考試的壓力！不過，可能會轉換成其他形式的壓力，畢竟沒有考試，還是需要篩選，只是篩選的形式用什麼方式呈現，壓力應該還是跑不掉，厚～怎麼那麼煩啊！」筱婷雙手抱頭，仰天長嘆。

「確實很難沒有壓力，只要有競爭，就無法避免壓力！考試如同妳所說，是篩選的一種制度，即使廢除考試制度，還是無法避免壓力！」我無奈地攤攤手。

「沒有更好的篩選方式了嗎？好煩喔！」筱婷沉沉地將整個人往椅背上靠去，顯得有些氣餒。

「很遺憾，我們都知道，沒有！在無法改變目前制度的前提下，我們就只能想辦法去適應。我很不願意這樣說，因為這樣很像說教，不過考試除了篩選之外，其實也是也有別的功能的！」我說。

「別的功能？老師你是指製造壓力的功能嗎？如果是這個功能，確實沒錯。老師你該不會說『考試對學習有幫助』這種八股的答案吧！」筱婷嘴角上揚，慧黠地笑了笑。

「被你猜中了，老師想到了你所謂的八股答案，就是恰當的考試真的對學習是有幫助的，雖然在煩人的考試壓力下這樣講，好像是要勉強自己編出一個好理由，說服自己考試是正面的、是有好處的，但在情緒低落，缺乏能量的狀態下，如果不這樣的話，很難轉化對考試的怨氣，況且真的是有好理由可以證明討人厭的考試，在某些時候對我們是有益的。」我也笑了笑。

「可是你不是也跟我一樣認為考試無法完整測出個人的專業能力嗎？能有什麼好理由？」筱婷露出疑惑的表情。

「我同意很難有考試能完整測出一個人專業能力的全貌，因為考試就只是以抽樣的方式去推測個人這個母群的狀態，抽樣的方式或題目如果沒有代表性或抓到重點，而只是找枝微末節做為測試的方法，很容易錯誤估量一個人的真正狀態，但不可否認，還是有一語中的、一針見血的好題目，雖然不敢說這些題目能百分之百精準，但某個程度上，的確藉此評估出一個人專業能力大概在什麼位置。」

對於考試這件事情，我個人雖然也不喜歡，但也因為不喜歡，而深入想過考試功能這件事情，看到筱婷現在的苦惱，讓我想起以前的自己，因此我把這些曾經認真想過的觀點，與筱婷分享。

「嗯……老師你提的這些我倒是沒有想過，但聽起來蠻有道理的，那老師剛剛提到的好理由指的是什麼？」筱婷低著頭，若有所思地沉吟道。

「我想你認真想的話，剛剛這些一定都能夠想到，只是因為我們討厭考試，所以常常會先入為主，容易只看到負面的部分，無法客觀地去衡量其中助益，至於好理由嘛……」我摸摸下巴，欲言又止。

明明有些題目出得很爛……

「老師就別賣關子了，我相信一定有好理由的。」筱婷抬起頭，專注地看著我。

「是有好理由，但接下來要講的理由可能有點枯燥，而且是有點長篇大論的小型演講，就不知道妳是否有興趣了？」我說。

「我想聽，況且也不是第一次聽老師的小型演講了，大型演講都聽過了！」筱婷笑得很燦爛。

「哈哈！那還真是難為妳了！」我也笑得很開。

「呵呵！習慣成自然！」筱婷回應道。

「曾經有許多學者，認真地研究過考試這件事情，發現考試真的是對學習有幫助的[13]，例如有一個大型研究，讓超過三千名的六年級學生在閱讀一篇文章後，參加不同時間點的考試，結果發現，如果考試的時間距離閱讀文章的時間越久，學生遺忘的內容就越多，而學生一旦參加過考試後，他們遺忘的情形就幾乎停止了，他們的分數在後續的考試中，下降的幅度非常小。還有一個類似的研究，是針對國小和國中的學生課堂上考試頻率與學業成績相關度的研究，研究時間一年半，結果發現，接受多次不占成績比重小考的學生，比起沒有接受小考的學生，在期末和年終大型考試的成績表現上，明顯優異許多。這些大型研究的結果說明了，考試是對於學習某種程度是有正面幫助的，可見考試不見得是壞事。」

我引經據典，展開了會談中的小型演講，因為我知道，對於筱婷這類擅長分析、強調理性思考的學生來說，拿出證據是很重要的。

「嗯……老師果然博學多聞啊！可是，這些研究對象的年齡集中在中小學階段，中小學的學習方式，和大學以上有很大的不同，在大學階段中，自主學習是最重要的，因為大學教授不會像中小學一樣有許多的要求和鞭策，要學不學全看自己，所以考試的方式對中小學生有好效果，不見得對大學生也有同樣的效果。」筱婷略微思考後回應道。

「不愧是認真的研究生，會仔細剖析研究內容！」我讚許地說道。

「嘿嘿！老師，我可是有認真在唸書地，現在也正在寫論文啊！」筱婷嘴角彎成了上弦月的弧度，得意地笑了笑！

「你說的沒錯，不同階段的學習方式，會有落差，不考量落差，直接推論的話，有時確實是會有問題的。但是，這項關於考試的研究，也有以大學生為對象的。參與研究的大學生在學習了不同科學主題的文章段落後，一部分立刻接受考試，另一部分則是接受複習教材的課程。兩天後，馬上接受考試的學生，記得百分之六十的教材，而接受複習的學生，記得百分之五十四；一週後，只接受複習的學生，忘記了百分之五十二的學習內容，而接受考試的學生，只忘了百分之十。

由此可見，考試對大學生的學習來說，也是有幫忙的。」換我得意地笑了笑了。

「好吧！老師還是技高一籌！但我還是覺得疑惑，明明有些考試題目就出得很爛，不但測不出個人的學習狀況，還會引導學生誤解學習的重點，這樣還是對學習有幫助嗎？」筱婷順了順馬尾後問道。

「真的，有些題目真的爛透了！我永遠記得，在就讀國中與高中期間，有一類的題目是要求按照順序背出陌生國家的鐵路與河流名稱，或者是要能按照先後順序寫出陌生土地歷史事件發生的年代順序，我到現在，還是無法理解這些順序到底哪裡重要了，我也始終無法記住，這些題目讓我對那些科目倒盡了胃口，不過，不會全部的考試都這樣，還是有很多考試的題目是有抓到重點問，甚至很有啟發性的，這些題目是真的對學習有幫助的。」想起那些遠古的考題，讓我有種胃食道逆流的感覺。

「這倒也是，有些題目確實出得蠻好的。」筱婷點點頭。

「所以，**其實真正需要被改革的並不是考試本身這件事情，而應該是考試的題目與目的**。我們其實可以這樣想，考試不過就是一種問問題的過程，透過好的問題，讓我們將重要的內容記住，透過深入的問題，讓我們將學過的東西消化，變成自己的一部分，即使不考試，我們想要讓學習有成效，在學習的過程中，就得不停地對自己提出好問題，透過這些好問題，來整合所學。」我欲罷不能又演講了起來。

「嗯嗯！好問題真的蠻重要的！」筱婷繼續點頭。

「**具有啟發性的問題，可以引導出人們啟發性的答案**，不只影響思考，甚至可以影響人們的進步，好問題是人類文明的起源，從這觀點來看，考試就不只是評估個人專業能力、診斷學習困難的工具了，還具有啟發的偉大意涵。」我真是欲罷不能了，滔滔不絕，沒完沒了。

「老師講的很有道理，我很認同，可是老師，我還是有一個問題！」筱婷推了推她紅色的粗框眼鏡後說道。

「不要再問我為什麼要考試了喔！我想我們已經有了非常了不起的討論了！而且我沒有東西可以講了喔，再問同一個問題我要翻臉了！」我佯裝生氣，開玩笑地回應著。

「不是啦！這個問題剛剛已經處理完了。」筱婷急著解釋。

「那妳還有什麼問題？」換我有疑惑了。

「雖然我們討論的內容很有道理，我也很認同，但是……我還是覺得很有壓力，很討厭考試，怎麼辦？」筱婷問。

「沒關係，即使老師講的口沫橫飛，也不代表我自己喜歡考試，我也覺得考試讓我很有壓力，但是沒關係，只要我們想一想自己為什麼目的而考試，為了什麼目標而忍受壓力參加考試，找出那個足以讓我們前進的方向，相信就能夠有足夠動力堅持下去，畢竟，現實世界就是會有各種大大小小的考試，我們不可能自己躲起來完全脫離現實，而且每個人都跟我們一樣，要經歷這種種的關卡與考驗，我們其實並不孤單！就大方接受自己不喜歡考試這件事的情緒吧！」我說。

「想一想自己為了什麼忍受壓力而繼續考試……這是個好問題，這樣也算考試嗎？」筱婷微微皺緊了眉頭。

「從廣義的角度來看，這也算是我們對自己的考試沒錯喔！妳會討厭嗎？」我問。

「我想我永遠會討厭考試的，但仔細想想，人生也許本來就是個廣義的考試，充滿各種挑戰，缺乏這些，人生可能也會失去前進的動力，只要活著，就不可能沒有壓力的，這樣想好像有稍微獲得一點點安慰，雖然我還是不喜歡考試，但我努力找到堅持下去的動力的！」筱婷偏著頭，認真地說道。

「講得太有啟發性！太讚了！老師感動地都要流淚了！我看到妳頭蓋骨上冒出一道智慧的天靈光，對我醍醐灌頂！醍醐灌頂啊！」我誇張地拍拍手後說道！

「最好是啦！謝謝老師！」筱婷不好意思地掩嘴微笑。

「哪裡！我也從討論和思考的過程學到很多，你也給了我很多的啟發，讓我有機會深入思考考試這件事情，我也要謝謝妳啦！」我收起笑容，真心誠意地結束了這段談話。

老師，太不公平了！為什麼有人天生就比較會念書？

「樹誠」是高一的學生，剛入學時，充滿熱忱，非常好學，課堂上既認真又勇於提問，為人和善，老師同學都很喜歡他，成績在班上排名十五左右，但慢慢地卻每況愈下，不但越來越排斥參與班級事務，成績也不斷下滑至二十幾名，到後來，成績甚至成為班上倒數，同時也是班上少數沒有通過「丙級技能檢定」的人，與同學的互動越來越少，顯得冷漠而疏離，上課多半在睡覺，進而考慮轉學，對此，家長十分憂慮，曾多次到校與老師會談。

我透過導師將樹誠找來，詢問他的近況。

樹誠戴著無框銀邊眼鏡，頭髮整齊旁分。他走進辦公室後，默默站到我的座位前面，低著頭不發一語。

「老師發現你最近比較消極，精神也不是很好，很關心你發生了什麼事情嗎？」我隨即將他帶進諮商室，關心地詢問。

「我最近越來越不想到學校了，也不是很想學。」樹誠還是低著頭。

「發生什麼事讓你越來越不想來學校？」我問。

「其實我國三剛畢業時，在升高中前的那個暑假非常期待開學，因為覺得放暑假很空虛，很希望開學後進到新學校可以學很多新東西，那時我認為讀書不該只是為了成績而唸，而是要為了求取新知去讀，但後來覺得自己再怎麼努力，經過一整個學期，成績頂多有一次進到前十名，就越來越沒有動力，不想來學校。」樹誠邊說邊摳著手指。

「期待求知的你，其實也期待自己在課業上有好表現，而這個好表現的期待，好像越來越重要。」我試著表達出樹誠可能的心情。

「嗯！是這樣沒錯。除了這個之外，我發現這學期有些同學開始很認真唸書，也會很認真去問老師問題，這個情形剛好與上學期相反，上學期是我很認真，常去問老師問題，但這學期我反而很少去問問題，看到同學去問問題心裡會覺得不好受，覺得這些屁孩不是應該玩手機打電動嗎？怎麼可以來問問題！怎麼可以唸書！」樹誠抬起頭看著我說道。

「你一方面覺得訝異，一方面也覺得不太舒服！在你心中，這些同學是不應該有這麼積極的表現的！好像就要被這些人所超越！」我略微思考後回應。

「沒錯！就連平時一些很高傲的同學，這學期考試的成績都比我好，而且是越來越好，所以我這學期在想，我有沒有什麼地方是可以比較厲害的。」樹誠的語氣越來越高昂。

「想要得到好成績，或是想讓同學覺得自己比較厲害的重要性是什麼？可以得到什麼？」我問。

「榮譽感吧！這樣在班上講話就不用唯唯諾諾！」樹誠說。

「所以成績比較好的同學在班上比較有地位！成績不好就比較卑微！」聽完樹誠說的，我點點頭回應道。我確實有遇過一些強調成績至上的老師，那類班級的氛圍受老師影響很大。

「班上確實有這樣的氣氛！」樹誠點點頭說道。

「那你自己怎麼想？也會認為成績好或會唸書就比較厲害、比較值得尊敬嗎？」我希望樹誠也有自己的想法，而不只是全盤接受別人的觀點，於是如此問道。

「也不是這樣，我在班上唯一的好朋友，雖然成績比我還差，但懂很多課本以外的冷門知識，其他同學有問題會去請教他，我很羨慕。」樹誠想想後說道。

「你的好朋友雖然成績不好，但聽起來他對於自己有興趣的領域是下很多功夫的，那你有自己有興趣的領域嗎？喜歡現在學的類科嗎？」我接著問。

你還是認為聰明那麼重要嗎？

「其實我進這個科之前，有上網稍微瞭解一下這兒在學什麼，進來以後也覺得跟我原先想的也差不多，應該算是有一點興趣，可能是我覺得我花很多時間唸書，成績卻只有七八十，有時甚至只有六十幾，但別人可能只花一點點時間就可以考得比我高，他們天生的聰明才智就比我好，真不公平，我覺得再怎麼努力都得不到我要的結果，就不想再浪費力氣了！」樹誠語氣有點激動。

「什麼樣的分數或名次你會覺得花這些時間的努力是值得的？」我很想知道樹誠的標準為何。

「至少要前三名吧！」樹誠用手指比出了三的手勢。

「所以來學校的目的最重要的就是要得到前三名？其他的都不是很重要？」我針對樹誠所說提出疑問。

「也不是全部這樣，我本來來學校也是想學一點專業知識和技能，但反正後來就變成這樣，覺得努力沒有成果，我也不想這樣啊！就被逼的啊！」樹誠的語氣越來越激動。

「怎麼說是被逼的？」雖然我很想知道究竟是誰逼他的，但仍用平靜的語氣詢問。

「老師上課都會一直說前幾志願的學校有多好多好，有多少資源，將來多好找工作之類的，同學也都很認同，搞得好像只有能夠念第一志願的才是人一樣！」樹誠咬牙切齒地說道。

「那你的看法是什麼？」我感受到樹誠強烈的負面情緒，我想可能老師或同學的說法，讓樹誠自覺不如人的關係，因此我持續提問，試著把他從這些他人觀點拉出，傾聽自己內在的聲音。

「難道不是嗎？雖然我不見得全都這樣想，但是連老師都這樣說了，同學也都這樣想，我自己也有上網查一下資料，前幾志願的學校確實感覺很厲害。」樹誠的語氣有著不甘願，但又不得不承認的無奈。

「你認為有沒有考上前幾志願對你的影響會是什麼？」我依然期盼樹誠有自己的想法，持續提問。

「如果可以考上前幾志願，將來找工作應該會很容易，特別是第一志願畢業的話，不用擔心找不到工作，將來可以過比較好的生活，生活也會比較有品質，但如果是考上爛學校的話，找工作一定會很難，搞不好只能打零工，或做低層的工作，就一輩子窮途潦倒，被人看不起了！」樹誠大聲地答道。

「你知道哈佛是哪裡的學校嗎？」看來樹誠的看法完全被其他人同化了，我決定換個方式。

「當然知道，哈佛是美國的頂尖學校，也是世界排名前幾名的學校！」樹誠說。

「那好，你覺得哈佛的畢業生將來的發展如何？」我問。

「當然是前途無量，都能找到不錯的工作，過著有水準的生活，受人尊敬！」樹誠一副理所當然的樣子。

「曾經有學者針對哈佛大學中品學兼優的學生進行長達數十年的研究[14]，研究的目是要找出聰明人成功和健康的關鍵因素是什麼，他們從五個年度的哈佛大一新生中，挑出兩百個在智力、健康以及社交等方面表現特別優異的學生，連續追蹤這些人五十年以上，直到他們七十歲，甚至到他們過世為止，每五年為這些人進行仔細的健康檢查，同時定期訪談他們，並請他們填寫各類問卷。你覺得結果出來，這些聰明人成功的關鍵是什麼？」我想藉由具說服力的研究來打破樹誠的既定印象。

「這些人聰明、擁有名校的資源，裡面應該有很多人家裡本來也就很有錢吧！這些都是關鍵，所以這些人將來的生活應該不會過得太差，我覺得至少是平均以上！」樹誠說得斬釘截鐵。

「我同意你說的，聰明、資源以及家庭背景都會影響一個人，但在這個長期的大型研究裡，發現影響成就的最大關鍵不是才智，也不是有沒有錢，這些優秀的哈佛人和貧民窟同年齡的人，做事情的失敗率和健康狀況沒有太大的差異，他們面臨相同的失敗婚姻、心臟病、酗酒、自殺以及破產等等的問題，其中甚至有人遭到刺殺。

真正能夠有效預測他們成功和健康的是，他們面對挫折時的態度與因應方式。研究人員發現，如果這些哈佛人可以在大學約二十歲左右時就能以正面積極的方式來面對失敗，他們將來比較容易成功與維持健康，他們較少得到心臟病或高血壓等慢性疾病，比如說，如果他們能以幽默、利他或者是將心力轉移到其他正面的事情來因應女友移情別戀之類的挫折，他將來的成功率與健康狀況可能就會比較好，相反的，若他們在大學時期是以消極或被動的方式處理挫折，將來的事業和健康都比較不理想。」我說。

「就算這樣，還是不能否認這些人整體而言，還是過得比一般人輕鬆吧！跑在別人前面，享受比別人多的資源，就算後來被追上，也不至於太糟！」樹誠對於研究結果頗不以為然。

「或許吧！但老師跟你提這些，只是希望你明白，影響你將來生活的要素，不會只有聰明或者就讀前幾志願的大學，你現在如何面對挫折的方式，也很重要！例如你現在怎麼面對眼前課業挫敗，你用什麼態度或者打算如何因應，其實才是影響你未來發展的關鍵！」我把剛剛所講的內容精簡，希望樹誠可以聽懂我想表達的重點。

「擁有那麼多東西，還不會把握，還把自己的生活過得一團亂，那是他們自己的問題，如果我有那麼聰明的腦袋，一定不會浪費！也不會有現在連前十名也進不去的問題！」樹誠顯然還是不相信我所講的，也不覺得面對挫敗的態度與方式才是最重要的，最重要的還是有沒有聰明的腦袋。

「你還是認為聰明那麼重要嗎？」我嘆了口氣後問道。

「這是當然的！老師，人天生下來就是不公平，班上那些討人厭的傢伙，不就是仗著天生稍微聰明了一點，不用太多努力就可以考得跟我差不多，甚至比我高，太不公平了！那些有成就的人，你看哪些人不是仗著過人的天賦！不是嗎？」樹誠連珠炮似的滔滔不絕，講得慷慨激昂、忿忿不平。

「心理學家特曼[15]曾長期追蹤數百位智商高達140~200的人，結果發現，這些人有兩成將來位居高社經地位，六成和一般人類似，兩成連溫飽都有問題，這樣的比例顯示，這些高智商的人成就和一般人相比並沒有特別突出，他的結論是，聰明和成就沒有必然相關！」我閉起眼睛，回想曾經看過與智商有關的研究，希望這些資訊能夠鬆動樹誠對於智商無限推崇的態度，以及智商萬能的假設。

「有高智商卻不會用，那是他們太笨了！」樹誠顯然還是不怎麼認同研究的結果。

「一般人的智商平均約在100左右，而你說的這些太笨的人，隨便一個都是140以上的資優生，裡面不乏所謂的天才，你還會覺得他們笨嗎？」我忍不住為研究的結果講話，講完以後其實有點後悔，因為這樣就陷入了爭辯中。

「反正就是他們不會運用天賦啦！而且老師，這是國外的研究，國外又不像我們這麼強調升學！」

「如果你覺得研究距離我們太遙遠，那這樣好了，老師再舉我們台灣聯考榜首的例子！」我可能被樹誠的回應踩到某些痛處，明知道從前面的對談過程中就可以發現，引經據典不見得對他有幫助，卻還是提了。

「聯考榜首應該都過得不差吧！」樹誠眼神專注地看著我，身體往前傾，顯現出非常有興趣的樣子。

「有人曾針對台灣早年聯考的榜首進行追蹤調查[16]，發現其中有許多是在學術界發展，少部分是在公務體系服務，另外有些是自行創業，或是走入家庭等其他發展，很少人記得他們是當年紅極一時的榜首，這些榜首多數都淹沒於芸芸眾生中，其中成為眾人矚目的傑出名人者，只占了一小部分，這些榜首當中，甚至有部分在上了大學以後，發現並不喜歡自己念的那類『被外人視為第一志願』的科系而轉系。對這些狀元來說，未來的成就並不見得與當年萬中選一的成績完全成正比。」看著樹誠集中精神的樣子，我想這個例子說不定他會認真聽懂我想強調的重點。

「可是聽起來他們還是過得比一般人好啊，如果是這樣，那我也願意！」樹誠往椅背上靠去。

「老師的重點在於，成績或聰明無法跟成就畫上等號，也未必是影響將來最重要的因素！這些人當年是全國榜首，要考榜首是非常困難的，是好幾萬人中要考第一名，雖然他們現在多數的社經地位都至少在中產階級以上，過得還不錯，但和他們當年的成就相比，是大巫見小巫！」我邊解釋邊想，恐怕這些調查還是無法打動樹誠。

「老師，這對我們這一代來說，已經是古早的調查了！現在的狀況和以前已經不一樣了，況且，我認為研究是一回事，現實生活又是另外一回事，我們班的同學就是這樣啊！**很多沒什麼在唸書**，**但隨便就可以考高分**，那要怎麼說！況且高分就現階段的我們來說，就是了不起的成就了」樹誠用手順了一下因為先前激動發言而散亂的瀏海。

「你可以舉出實際的例子，來說明所謂那些沒什麼唸書卻可以考高分的同學是哪幾位嗎？」雖然我引用了幾個研究調查結果，是為了說明智商與名校不是最重要的，但從樹誠當下的反應來說，效果非常有限，既然研究幫忙不大，他又三番兩次其起了班上同學，我想倒不如就直接以班上同學的例子作為舉證，效果可能更好，因此我做了這樣的提問。

「銘華就是啊！他在學校看起來都是嘻皮笑臉，沒在唸書的，但考出來都跟我差不多，想到就有氣！我們班前幾名也是，看起來不怎麼樣，都可以考高分！」樹誠用很不服氣的口吻敘述著。

「你說的嘻皮笑臉，或看起來不怎麼樣，指的是什麼？」我試著瞭解樹誠所說的這些同學，到底做了什麼。

「就一種感覺，像銘華常常上課下課都很吵，另外那幾個看起來都自以為很了不起，很討厭，成績居然都比我好！」樹誠顯得很生氣。

「那你知道你舉例的這幾個同學，他們回家唸書的情形嗎？」我試著引導樹誠想得更深入一點，釐清問題所在，希望他可以發現，這些人其實可能跟他想的不一樣。

「不是很瞭解，但前幾名那幾個應該很認真，在學校就可以感覺出來了！但是我也很認真啊！為什麼就是贏不了他們！」樹誠搖搖頭說道。

「可能因為他們也很認真吧！你覺得自己有比他們認真嗎？」我希望樹誠可以客觀地衡量自己和他人努力程度的差異。

「不確定，但我覺得我已經很認真了！」樹誠特別在「認真」兩個字加重了語氣。

「如果你也自評很認真了，老師相信你一定有學到東西！盡力應該也有了收穫了！你還希望得到什麼？」我直白地問道。

「贏過他們！就想要贏過他們啊！」樹誠也直言不諱。

「學習需要時間累積才會慢慢看到成果，如果贏過他們這麼重要的話，你有想過要如何調整你的讀書方式或時間嗎？」我決定跟著樹誠的目標，和他去一起尋找協助自己達成目標的方法。

「我有努力過啊！就還是十幾名啊！我覺得很累，覺得是不是因為自己不適合唸這一科，或是我根本不夠聰明！」樹誠聲嘶力竭地說道。

「你對現在所念的科別沒有興趣嗎？還是你有別的興趣？」我試著再找出其它的可能。

「不討厭，但也稱不上喜歡，也沒有別的興趣，可就覺得達不到我要的目標，覺得努力沒有成果！」樹誠可有可無似地說著。

「今天我們已經討論蠻多了，老師聽到你很希望自己可以考到班上前幾名，也聽到你認為自己已經很努力，因此沒有想過調整讀書方式或時間，你說可能是別人比較聰明所以你贏不過別人，你認為如果能夠讀名校，將來就會有比較好的生活，針對這些，老師有試著做一些釐清，希望你先就我們討論的內容先回去想想，整理一下思緒，思考一下接下來除了放棄之外，還可以怎麼做，幫助自己更靠近前幾名的目標，我們再約時間討論！」

由於對話已經進入重複的迴圈，如果樹誠還是只看到自己的努力和重要，卻忽略了「別人其實也很拚命、同樣渴望被看見」的話，晤談很難有進展，加上會談內容需要時間消化，再勉強談下去而沒有省思也只會困在原地，因此我總結後，暫時結束會談。

世界的確有不公平，別困在原地太久

後來，我又陸陸續續和樹誠談了幾次，他仍認為自己不適合目前就讀的科系，還說他找到了他真正的興趣——武術，覺得自己應該多方面去探索適合自己的領域，最後在高二的時候提出了休學申請，說他要去找自己的方向。

幾年後，我從樹誠班上唯一且持續有在聯絡的好朋友身上得知（他這位好朋友是我長期晤談的學生，和我關係還不錯），樹誠休學後輾轉換了好幾個工作，一開始是在餐飲店學廚藝，後來轉到了機械工廠當學徒，接著又到便利商店當店員、工地打零工等，最近在當兵，打算當兵結束後再回學校唸書，至於武術，早在休學後幾個月時就放棄了學習了，放棄原因和放棄唸書的理由一樣——覺得自己沒有天分，努力也不見效果。每次兩人見面時，樹誠總是一方面感嘆自己生不逢時、懷才不遇、沒有人懂自己，一方面抱怨為什麼自己不夠聰明，才會四處流浪。這顯示，他並沒有從當年的討論裡面，仔細檢視自己的問題，他仍困在原地裡，沒有脫身。

我在想，會不會是當年我太急著想要讓他從困境脫身，造成晤談步調太快，讓他感到壓力，間接促成他也急著放棄學業，出外闖蕩去證明自己，或證明我所說的是錯的。

如果可以的話，我想當面告訴樹誠，再多思考一下自己，再多給自己一點時間和鼓勵，放慢腳步，不要因為幾次的課業挫敗就完全否定了自己，人生確實並不公平，有人真的天生比較聰明，有人也真的因為天賦或背景的關係，起跑點比一般人前面，先天的不公平，真的是存在的！

但是這些不公平，並不會因為我們的不滿或抱怨而消失，我們可以不滿、可以抱怨，但不要讓自己困在這負面的情緒中太長太久，我們其實可以把力氣花在更值得的地方，例如找出自己的優勢，找出自己可以做的事情，正因為每個人的人生不是公平的，所以我們每個人都會有自己的特點，我們是可以用努力和時間經營出自己的優勢，不管是研究或身邊的實例都反覆地驗證，態度和努力比智商還重要！

就像他的這位好朋友一樣，因為他對自己專業熱誠的努力與堅持，他已經從高一時成績排名中後段，爬到高二、高三的前十名，畢業前的升學考試，他的表現在班上也名列前茅，進到了前幾志願的學校，而他當年，也有著人生多麼不公平的感慨，也覺得那些不怎樣的人，怎麼會表現得比較好，他完全能理解那種很嘔的心情，但他堅持下來了，他努力的成果也在後面顯現出來了。

人生是一場馬拉松長跑，天賦的優勢或許能讓我們領先個幾百公尺，但是後續的幾公里、幾十公里，甚至是幾百公里，需要的不只是天賦，而是努力與堅持，只仰賴天賦，終究只能停在原地，被別人不斷超越，任憑自己落後。

我多麼希望樹誠可以認真回顧這幾年的人生歷練，誠實地檢視自己的問題，如此一來，方有可能脫離過去，往大步往前邁進。

老師，我不敢盡全力

豔陽高照，萬里無雲。

「立晉」一臉蠻不在乎、以單腳翹姿的方式坐在我面前。

「你知道導師為什麼要請你過來找我嗎？」我打破沉默，開門見山地問。

「可能是因為我這次段考很慘烈，專業三個科目都只考了25分，連全班平均的一半都不到吧！」

立晉雙手一攤，露出無可奈何的微笑。

「你怎麼看這個分數？」雖然低於平均，但分數理想與否，其實仍是因個人主觀感受而有所差異，因此我想知道立晉如何解讀。

「早在意料中，但實際公佈結果時，是有點小驚訝沒錯！」立晉仍微笑道。

「怎麼說在意料之中？」聽起來裡面有故事，於是我接著問。

「因為段考前我沒什麼唸書，所以知道應該不會考太好！」立晉撥了撥滿頭的金髮後說。

「雖然自己知道沒什麼準備，也有考不好的心理準備，但看到成績後，你還是沒想到真的會考那麼差！」我試著表達出對立晉心情的理解。

「可能吧！沒想過連全班平均的一半都沒有！不過，其實也還好啦！」立晉露出不以為意的笑容。

「如果你在意自己成績的話，怎麼沒有想過在考試前多做一點努力？」我問。

「我沒有很在意自己的成績啊！就不太想唸而已，我本來就沒有回家唸書的習慣！」立晉語氣略顯不耐煩。

「如果以1到10分來衡量，1分代表完全沒花力氣，10分代表盡全力，你覺得你花了幾分力氣？在唸書這件事情上？」我用量尺問句，試著更具體了解立晉在學習上的狀態，同時也希望藉此協助立晉客觀地自我評估，喚起他對自身學習狀態的重視。

「大概2、3分吧！」立晉稍微停頓一下後回答。

「你不想畢業嗎？」在我的實務經驗中，即使是沒有學習動機的學生，多數還是希望自己可以順利畢業，雖然立晉不甘願地被導師強迫來談，也明白地表現出對會談的不耐，但我想只要問到立晉也會在意的畢業問題，或許就有機會讓他願意講更多，是故我直接切到這個問題。

「廢話！當然想啊！有人不想畢業的嗎？」立晉眉頭緊皺，刻意加重「廢話」兩個字的語氣，大聲地回答道。

「你覺得你目前的努力和成績可以拿到足以畢業的學分數嗎？」立晉越來越不悅的語氣，顯示他可能很常被問到這個問題，而他可能也很常因為這樣的語氣與師長發生衝突，但從他回答的內容可以確定，他是在意能不能畢業的，所以我還是接著問相關的問題，以期對談可以往他關心的議題方向前進。

「可能有點困難吧！」立晉想了一下後答道。

「你有什麼打算嗎？」我接著問。

「是喔！應該還好！我還沒有開始認真！」立晉又露出了不以為意的笑容。

「如果你認真的話，會怎麼樣？」我緊緊跟著立晉回答的內容提問。

「應該可以把學分拉上來吧！」立晉點點頭說。

「那什麼時候會開始認真？」我繼續跟著立晉的回答問問題，試著讓對話更具體、更聚焦，更朝建設性的方向邁進。

「不知道！」立晉眼神放空，想都不想就回答。

「為什麼沒有打算一開始就認真？」雖然從立晉的回話中，可以感覺到他想要撤退了，但我還是希望可以繼續談下去。

「就不想，很累！」立晉回答越來越簡短了，可見即使我想談，他也沒有意願了。

「感覺你沒有意願再談下去了，那好，再勉強也無益，老師講完以下的話就讓你回去，希望你可以看著我，認真聽，可以嗎？」看著立晉的回應，我決定收手，與其展開漫長而無法聚焦的會談，倒不如表達出我對他的理解，爭取他短暫卻專心的時間，講重點。

「可以。」立晉將眼神拉回到我身上。

「你剛剛有提到，你沒有回家念書的習慣，而且你只花了2、3分的力氣在學習上，但你高一的成績都可以維持在班上前十五名左右，可見你的學科基礎與基本能力的底子是很好的，但高二以後，科裡面的專業課程加重，你只靠原有的底子是不夠的，所以你的成績才會一落千丈，老師不確定你是考量什麼而不願意多花一點力氣，我相信只要你願意，你是可以學得很好的，如果你持續維持現狀，任憑自己每況愈下，總有一天你會後悔，後悔沒能展現自己真正的實力，未來的你在回顧過去的自己時，一定會想問現在的你，為什麼要糟蹋自己的能力，讓你無法成為自己真正可以成為的樣子，希望你回去好好想一想，你真的會甘心嗎？」我語重心長地結論道，希望能喚起立晉內心自我實現的動力。

「我知道了，謝謝老師！」立晉意外地專注聆聽，且有禮地答道。結束會談後，他也乾脆地隨即起身離開。

像立晉這樣被強制轉介而來的學生，在學校是很常見的，而面對這樣的非自願個案，我常常只有一次的晤談機會，因為這類的學生往往非常抗拒再談第二次，即使勉強談了第二次，也全然無效果，倒不如埋下契機種子，見好就收。

「讓別人覺得很厲害」

一個月後，一個同樣是萬里無雲萬里晴的日子，立晉主動來找我。雖然不是每個像他這樣的孩子都會願意再回來找我，但總有幾個被我埋下契機種子的孩子，會願意回頭找我。

「老師，這次段考，我有試著努力準備，雖然有進步，但成績還是很差！這樣是不是倒不如不要唸，唸了也是白唸？」立晉摸摸染回黑色的頭髮，開門見山地問。

「老師想問跟之前同樣的問題，1到10分，你花了幾分力氣準備？」我想瞭解這段期間，立晉調整了多少。

「大概5、6分吧！」立晉有點不好意思地說道。

「相較之前的2、3分，多了很多，真不簡單，你怎麼會願意多花比之前多的心力呢？」我用讚賞的語氣回應，希望讓立晉明白，他的努力和改變是件很了不起的成就，是件很值得肯定的事情，也希望可以強化他的努力，讓他願意繼續維持下去。

「我也不太知道為什麼，但就覺得不太甘心，想試試看而已，可是感覺成績還是沒有多大起色，我覺得有點丟臉！」立晉語氣有點緊張，看著地板說道。

「哪裡讓你覺得丟臉？」我關心地問。

「就唸了，但成績還是很差，別人可能會覺得有唸沒唸都沒差，反正一樣爛！」立晉仍看著地板回話。

「你覺得你有盡全力嗎？」我問。

「沒有，就算盡全力，可能改變也不大吧！」立晉說。

「你曾經有過盡力準備也考不好的經驗嗎？」我猜想，立晉過去也許努力過，但結果不如意，所以追問。

「以前我曾經認真準備過考試，但即使很認真，也還是考不進前幾名，後來我就只有上課專心聽講，回家就沒有在唸書了，成績也都可以維持在二十名以內，勉勉強強可以接受。」立晉抬起頭，看著我說道。

「所以你擔心盡了全力，表現還是不如預期，所以有所保留？」我推了推眼鏡後說。

「算是吧！**如果盡力，還是考很爛，那不是更挫折？**不就代表我的程度就只有這樣？別人也會看不起我吧！老師！所以我不敢盡全力啊！」立晉深吸了一口氣後說。

「如果為了要創造一個讓別人覺得很厲害的形象，只求能活在別人仰慕的眼光中，因而放棄了自己的可能性，犧牲太大了，你會甘心嗎？」我思考半晌後問道。

「就是因為不太甘心，所以我才會又來找你，不然我根本不想踏進這裡，來這裡別人都會覺得很奇怪！」立晉說。

「真是難為你了！很多同學跟你一樣，對於來找老師談話都覺得不自在，你會再願意回來找我，一定是有重要的事情要討論！」我說。

「我最近常會想起以前在升學大考的時候，沒有認真準備的事情，也會想起自己進到這個學校以後，沒有在唸書的事情，常常覺得很後悔，覺得其實我應該可以進到更好的學校的，因為覺得後悔，所以刻意不去想，回家就更不想唸！」立晉若有所思地回應。

「後悔是你最好的嚮導，傾聽後悔，你就會聽到你內心真正的聲音，你已經後悔過了，如果你放任自己對現況擺爛，你會再創造出更多的後悔，累積下來，就會變成一種惡性循環，時間越久，會越難打破，你會越來越後悔，不只得不到別人的讚賞，連你自己都會看不起自己，最後什麼都沒得到，這樣的結果，你能接受嗎？」立晉的想法，透露了內心的渴望，我想只要能提取這個渴望，就能夠推動立晉離開原地，往前邁進。

「但如果盡力了，成績還是沒什麼進步怎麼辦？」立晉的語氣有點焦慮。

「如果盡力了，你的內心深處一定會知道你盡力了，不再後悔，沒有遺憾，每個人確實都會有自己的極限，至少你會透過盡力的過程，更認識自己，除了認識自己的極限，也會認識自己其他的可能性，人有極限但也有很多成長的可能性，成績只不過是現階段你課業上的一個衡量指標，不是你的全世界，成績也無法代表你的所有可能性，所以如果盡力了，即使成績沒有太多的進步，你依然可以從盡力的過程中，有所收穫，並探索自己學科以外的可能性，況且，進步需要時間，不要用幾個禮拜或幾個月的時間，就斷定自己無法進步，或認定自己成績不好，就不可能在課業之外的領域有所成就，這樣對自己是很不公平的！老師以前的成績也沒有很好，也是經過很漫長的努力才慢慢往上爬的！老師相信，你的能力不會比我差，我能做到，你也能做到，只是需要時間！」從立晉的擔心中，可以感覺到，他的內心是沒有自信的，甚至有點自卑，或許也是因為這樣，他平常在班上才會總是一副高傲的樣子，很容易發脾氣，常和同學起衝突，剛強的外表，其實是他對脆弱內心的一種保護鎧甲。

當初導師轉介立晉來談，除了成績不佳的因素之外，其實也很擔心他三不五時情緒暴衝的現象，現在看來，他的情緒和課業表現是有相關的。

「嗯……可是別人會不會看到我已經認真了，排名卻還是倒數，覺得我很沒用？」立晉雙手擺在膝蓋上，正襟危坐。

「我會因為你的認真，而敬佩你、欣賞你，也會覺得如果可以當你的朋友，應該會是件很不錯的事情，可以互相砥礪、一起進步，我想你身邊一定會有人跟我有同樣的想法，會有一些跟你一樣認真的人靠過來成為你的朋友，這些同樣認真的人，絕對不會因為這樣覺得你沒用，但跟你不同個性的人，確實有可能對你有偏見或負面觀感，**但這樣的偏見不值得你花心力去在意**，我們本來就沒辦法讓所有人都喜歡我們，也沒有需要去討好所有人，這樣只會累死自己，什麼都得不到。」我看著立晉，專注而緩慢地說著，希望他可以看見我所看見的他的美好。

「可是老師，我還是很害怕失敗！我怕我即使努力了，還是什麼都沒有！」立晉保持著正襟危坐的姿勢。

「**每個人都會害怕失敗**，**老師也會害怕失敗**，要盡力投入某件事情是一種冒險，因為投入不見得就一定會有等比例的回報，但如果因為這樣就放棄投入，等於是放棄自己的可能性，努力而失敗，至少會知道自己的問題在哪裡，知道自己的方向在哪裡，但因為害怕失敗而逃避，不僅無法認識自己，更無法找到適合自己的路，最後什麼都沒有，代價更大！」我想與其否認害怕失敗的心情，說自己不害怕失敗，讓立晉更覺得自己害怕失敗是很糟糕的，倒不如坦誠地直言不諱，分享我自己也害怕的感受，讓立晉知道，其實他並不孤單。

「那如果失敗了怎麼辦？」立晉問。

「失敗需要付出代價，不管是時間、心力甚至是金錢的流失，都會讓我們覺得難以承受，這是無可避免的，因此給自己時間沮喪、難過，並且適度休息是很重要的，讓自己可以從中慢慢恢復力氣，然後再鼓勵自己誠實地面對失敗，把失敗當成一個認識自己的機會，把失敗當成一個成長自己的機會。

美國舊金山就曾經數度舉辦『失敗慶祝大會』，科技創業人士和創業投資人齊聚在這個會議一起研究失敗案例，他們分享失敗故事，並從中學習，以調整策略來改善他們的問題；法國也有所謂的『錯誤節』，目的在教育學生，犯錯和失敗不是糟糕的表現，而是努力的象徵，是學習過程中不可或缺的建設性部分，他們認為困難會讓人產生無法勝任的感覺，無法勝任感則引動焦慮，焦慮就干擾學習，因此如果給予學生挑戰困難的空間，他們會做得更好。

此外，創建『錯誤節』的組織者，也將科學史上各種因為犯錯經驗而產生的新發現當作教材來啟發孩子。因為他們發現，如果人們可以被教導反錯是學習必經的歷程，他們不僅更勇於接受挑戰，且能從失敗中有新的學習，表現也因此比害怕犯錯的人更好。[17]

如果我們可以勇敢地面對失敗，失敗就不只是單純的失敗，而是一個跳上另一個境界的踏板、助力，雖然無法否認失敗會造成損失，但我們其實也能夠從失敗中有所收穫！」

越害怕的事物會越讓人不敢直視，也會因此讓那些模糊不清的什麼全部化為恐懼的一部份，我分享自己的體悟，並理性地釐清失敗帶來的利弊得失，希望可以讓立晉看清楚自己到底害怕失敗什麼、可以從失敗中獲得什麼。

「這樣我知道了，老師，我會試試看的，謝謝你！」立晉轉轉手腕，動動腳踝，放鬆似地點點頭，露出滿意的笑容後離開。

立晉後來再也沒主動來找過我，但導師告訴我，他的成績雖然短時間進步不大，不過卻踏實地一點一點緩慢地向上，脾氣稍微收斂了一些，不再那麼暴躁易怒。

一種絕對必要、卻沒人想經歷的養份

我一直在想，許多的學生是不是像立晉一樣，因為太害怕失敗，所以不敢在經歷挫敗後，再接再厲地用心去學習，以逃避另一次可能的失敗？

會有這樣的疑惑不只是因為接觸過一些像立晉這樣的個案，而是我也觀察到這個「褒揚成功貶抑失敗」的社會氛圍。特別是每年到了大考放榜的季節，高分群與名校群的學生往往是被關注與讚賞的焦點。全國不管是國中還是高中職的升學榜單，清一色都在強調自己學校有多少位的高分群學生，或者多少位學生能進到前幾志願的學校，校門口大大的紅布條，強調的都是這些高分群或能進到前幾志願的學生名單。新聞媒體的相關報導也多聚焦在各校考上第一志願的人數，或是訪談高分群的學生，很少人會去留意那些高分群之外的學生。

這樣的現象，不只出現在大型的升學考試，也出現在校園內定期的小考和段考之中。老師和同學關注、讚賞的，往往也是那些成績優異的學生，學業成就低落的，常常是受冷落的一群。

學校和社會呈現出來的整體氛圍是不斷在宣揚成果與成功，挫敗的人成了被發配到蠻夷之地的邊疆人員，人們因此變得更加不願意給自己犯錯的空間，對於失敗避之唯恐不及負面觀感，導致人們越來越欠缺鍥而不捨的努力精神，更讓人們亟欲逃離失敗，成為一種難以打破的惡性循環。而這樣過度害怕犯錯的心態，降低了人們對於努力與冒險的意願，同時造成更多對表現產生負面影響的強烈壓力，阻礙了學習，因為我們將一部分的心力，耗損在監控個人表現與恐嚇自己不能犯錯上面，流失掉這些可以原本可以運用在學習與表現上的能量，因此逃避失敗的行動偏好，反而為我們帶來了更多的失敗。

最矛盾的是，我們不想要失敗，但是卻需要從失敗的經驗中發現自己的盲點，從中培養挫折容忍力，粹煉出鍥而不捨的精神，這些寶貴的發現與體悟，都是一帆風順無法學到的。如果我們從小，就能由各種小事情的挫敗中得教訓，找到問題的關鍵加以改進，就不至於到成年犯下難以挽回的嚴重錯誤後才後悔。犯錯不僅是人之常情，更是成長過程中不可或缺的養分。

如果能從錯誤中，獲得矯正性的回饋，錯誤經驗反而是個很好的教材，相較於被動地等待教導，人們從錯誤經驗中，可以學習到更多，進而了解自己的優缺點，避免在將來犯下相同的錯誤。犯錯和失敗若能被以較為正面的觀點來看待，我們或許比較能夠給予自己機會去嘗試和努力，汲取出錯誤背後的珍貴價值。

即便已經為人師表，我在生活中仍會有犯錯的時候，犯錯時，心情不可避免地會受到打擊，但我提醒自己轉念，將這些經驗視為自我成長的機會，不讓自己沈溺在挫敗感太久，而是認真思考如何調整改進，不再重蹈覆轍，並且做得更好。

我也希望將這樣的觀念傳遞給下一代，期勉他們不要只把失敗視為敵人，而是將失敗的經驗當成最好的老師，讓立晉這樣的學生，不再因為不敢盡力而錯失了更多重要的事情。

老師，這個又不考

我任教的科目是高三的「生涯規劃」，由於科目性質的關係，我會讓學生以作業的形式來取代期中和期末的考試，作為評量學期總成績的重要依據之一。考量學生升學所需，我在高三下學期時，會常態性的出一個作業——要求學生撰寫簡歷和自傳，這個作業一方面具有協助學生整理自己的功能，一方面也有助於學生後續甄選入學的準備，同時還能讓我作為評量學生成績的依據。

我每次批改學生的這項作業，都要耗掉大半的心力與精神，損失掉不少的腦細胞。

這天，我批改了某個班一部分的作業後，有一段文字引起了我的注意：「閒閒鎮是一個民風純樸，充滿人情味的地方，那裡就是我的故鄉。我生長在一個平凡卻美滿的家庭，爸媽採用民主的教養方式……。」

這是一段自傳中常見陳述自己家庭背景的敘述，原本的我沒有特別留意，但接著改下一篇時，又發現了同樣的陳述，沒多久，改到的另外一篇又出現了類似的文字，甚至有整篇一模一樣的自傳。我上網仔細搜尋後，才知道，原來他們都是抄襲自同一篇的網路範例

「你們都來自民風純樸，充滿人情味的地方，而且家庭平凡卻美滿，爸媽都採用民主的教養方式……。」我把這些學生找來，唸出他們自傳中雷同的段落，學生聽完後，有些人面面相覷，有些人則若無其事。

「我也是個有人情味，採用民主教育方式的老師，為了避免誤會，所以把你們找來，當面確認一下，你們都是同一個家庭出生的兄弟姊妹嗎？」我環顧所有學生並提出疑問。

有些學生很有默契地搖了搖頭，有些仍不為所動。

「如果不是同一個家庭的兄弟姊妹，為什麼自傳內容的家庭背景都一樣呢？」我接著問。

「抄網路的。」部分的學生很直爽地給了我答案，對自己抄襲的行為直言不諱。不過仍有學生一臉疑惑的樣子，於是我說：「自傳是用抄襲方式完成的請舉手。」

多數的學生都舉起了手，不過還有兩位沒有舉手，只是皺著眉頭。

「你們兩位有抄襲嗎？」我問。

「沒有啊！」學生語氣很肯定，我頓時感到錯愕，心想：「難道是我錯怪他們了嗎？」於是我說：「如果是老師誤會的話，老師先跟你們道歉，可能是忙中有錯，你們等老師一下。」

我趕緊拿出這兩人的自傳，仔細核對了一遍，確實有一整個段落一模一樣，我用紅筆圈起整個段落，拿給兩人核對：「那為什麼這整個段落跟網路上的範例完全相同呢？」

兩位學生頓時啞口無言，但其中一位想了一下後，很快地告訴我說：「可是我們只有抄一段，其他的部分是自己寫的。」

「我們的課沒有期末考，因此老師請同學寫自傳做為期末考分數的作業，也強調不論寫得如何都當作是練習，但絕對不能夠抄襲，這個作業就等同考試，如果你考試只有一題是作弊，其他題目是自己寫，其他題目會算分嗎？而且自傳跟其他作業不同，自傳是敘寫自己的故事，抄襲就不是自己的故事了。況且，老師只要求六百個字，還給了兩個月的時間，課堂也有留時間給大家寫，這個作業有這麼困難嗎？」我很嚴肅地回應學生。

兩位學生這才承認他們有抄襲。

不考的就不重要嗎？

我要求所有的學生將整篇自傳重寫後，再將作業繳回。面對整篇重寫再繳回的要求，有幾個學生當下就直接表明拒絕，說他們就不交了，「零分就零分」，反正不差這一學分，還是可以畢業；剩下的學生則滿臉不甘願地點頭說會補交。

後來我改到另外一個班，發現近三分之一的學生，自傳內容也都擷取自網路，由於人數眾多，加上這也是一個很好的機會教育，於是我就公開在班上處理。處理過程和上個班很類似，差別在於，這個班的輔導股長，也就是平常協助我處理課程事務的小老師，公開對我表達不滿。

「老師，**大考在即**，**這個又不考**，**大家都覺得很浪費時間**，也覺得大考前寫這項作業很有壓力，老師，為什麼要寫這種作業？」平常斯文有禮的輔導股長，在我詢問了為什麼要抄襲這個問題後，好像是替同學們發聲似的，理直氣壯地回應著。

「考試很重要，但不考的就不重要嗎？生活就只有考試這件事情嗎？人生有很多重要的事情是不列入考試範圍的，包括你能否負責任地完成本分這件事情，考試、作業、人際經營以及生活自理與自我負責等等，全都是現在身為學生的你們的本分中的一環，**如果你因為考試而放棄了許多應盡的本分**，**我想就算考試高分**，**你考完試後與考試無關的人生其他部分**，**都是岌岌可危的**，因為，你只會考試，你的生活除了考試外，沒有其他，再來，這份跟升學大考無關，但真的跟升學無關嗎？你們後續的甄選入學中的備審資料，就有要求繳交自轉履歷。」我略微思考後，眼神直視著輔導股長回答。

「可是不是現在，這種小事可以考完大考以後再準備就好！」輔導股長依然理直氣壯。

「大考結束後很多同學開始不來，學校也會舉辦的許多講座導致原本課程無法照常進行，再來，大考後不久，就要繳交備審資料，先準備並沒有壞處，而且高三也在大考後不久就畢業，沒有作業我如何評量？」我說明並解釋出這份作業與訂立繳交日期的緣由。

「可以出別種作業！」輔導股長露出了不以為然的表情。

「哪種作業？你要不要舉例說說看？」我問。

「不知道！這不是老師的責任嗎？」輔導股長用不耐煩的語氣說道。

「是我的責任沒錯，所以我在責任範圍內，出了這份作業，並在你們繳交前，完整地說明如何撰寫簡歷自傳，也給你們看了許多實際範例，如果有認真聆聽老師課堂上的講解與刻意給予的作業時間，要在時限內完成作業，很難嗎？」我在內心提醒自己，要控制好情緒，只陳述事實就好。

「不會很難。」輔導股長似乎冷靜了一點，稍微停頓了一下，搖搖頭後說道。

「確實不會很難，老師也沒有要為難大家的意思，這份作業能否完成，關鍵在於有沒有意願完成而已。況且，考試與用抄襲方式完成自傳並無因果相關，考試並無法成為合理化抄襲這件事的理由，不是嗎？」我接著問。

台下一片沉默。

「對於老師剛剛講的還有人有想要回應或提問的地方嗎？」我先看著輔導股長，隨後環顧全班後說道。

全班又陷入了長長的沉默。

「沒有。」輔導股長跳出來給了明確的回應。

「那好，有任何問題隨時都可以提出來，如果目前沒有，我們繼續上課。」我再次環顧全班同學後說道。

學生後來雖然沒再說什麼，但從學生當下的神情看來，很多是很不服氣的，所以我決定不再多說什麼，因為學生當下也聽不進去。學生重寫後補交回來的作業，再次驗證了他們內心的不甘願，很多人顯然不認為自己做錯了什麼嚴重的事情，例如有的補交回來只有重寫抄襲的那一段；有的則是將原本抄襲的內容稍做字詞的微調，但整體內容與網路上的雷同度還是很高；有的隨便寫個幾行不到三百字就交回來了。

類似的情形，這幾年越來越常發生。

幾次跟任教其他科目的老師閒聊後，我才發現學生抄襲網路訊息的行為不只出現在我的課，在其他課也是屢見不鮮。

過度舒適的危險

豐富的網路資源，帶來許多的便利，我們想要的任何資料，大部分都可以在網路上查到相關的訊息，也因此，學生慣於上網找免費資源來完成作業，甚至直接將作業問題貼在網路上，請網友幫忙找解答，像自傳這種非常個人性的作業也是如此，他們可以輕易找到範例，只要在滑鼠上按右鍵複製，便可以原封不動地貼在自己要繳交的作業中，或是稍做修改便能在繳交日期截止前一天，甚至前一個小時就完成。

便利的不只網路，還有手機、平板和電腦，特別是手機，其功能比起一般的電腦，有過之而無不及。功能強大的智慧型手機，一旦與網路結合，就變得幾乎無所不能了，可以上網，可以聽音樂，可以購物，可以玩遊戲，可以傳訊息，可以打電話，可以叫車，生活上的食衣住行，某個程度上，都可以透過手機進行或完成。

在幾乎人手一機的狀態下，人們變得非常依賴手機，手機除了帶來生活上極大的便利之外，更填補了人們內在的空虛，只要手指輕輕一滑，隨時隨地可以讓新奇有趣的事物降臨在我們身上，滿足我們多數的需求，所有的事情與手機相較之下，都顯得遜色許多，對學生來說，更是如此。

曾經有學生問我「為什麼上課這麼無聊，一點都不有趣」、「為什麼讀書這麼難？「花這麼多時間讀這麼多書到底有什麼用？」、「我去便利商店買東西又不會用到三角函數，學這麼難的東西到底要做什麼？」

說的也是，學這麼難的東西到底做什麼？現代的生活要用到的技能並不多，在這個講求效率與便利的年代，事情不是越便利簡化越快速有效越好嗎？許多的問題只要點點滑鼠就能找到答案，教越簡單不是越好嗎？

這些質疑與問題讓我想起了丹麥哲學家齊克果的故事。[18]

1834 年的某個星期天下午，有一位年輕人坐在咖啡廳抽雪茄。

他想到自己與一些事業有成的朋友相較之下，對世界沒有任何貢獻，只能隨著時間逐漸老去，他沉思道：

「在這個時代有貢獻的人，知道如何讓生活越來越方便，而使人類獲益。有人發明鐵路，有人發明公車和汽船，有人發明電報，有人藉著把知識整理成簡短的手冊，最後，當代真正有貢獻的人，是藉著思想有系統地使精神存在越來越容易被人了解。」

這個人便是齊克果。

他抽完一根雪茄後，接著再點燃一根，持續地沉思：

「你必須做點事情，可是基於你有限的能力，不可能再使任何事情變得更容易，你必須以和別人相同的人道主義，努力使某件事情變得更困難。」

他的結論是，當每個人都結合起來，努力讓所有事情都變得更容易時，就會產生過度舒適的危險。

齊克果睿智的結論，對當代不斷追求便利與速效的我們來說，正是最好的提醒。

當所有事情都變得太容易時，過度舒適會讓我們變得被動，我們會逃避每一個需要費力才能達到的事情，更加依賴唾手可得的現成答案，而這些前人所遺留的答案，未必真的適合我們，也未必對我們有益，我們緊抓不捨，只是為了閃躲努力過程的辛苦。

如果沒有經歷困難，沒有經歷辛苦的努力過程，只坐享他人的成果，將無法長出自己的能力與力量，充其量不過是他人的複製品，就如同那些抄襲網路範例的學生，當我要求他們靠自己的能力重新寫出自傳時，他們無法擺脫網路範例的影子，寫出自己的特色，或是根本不知從何下筆，還有更多的是，那些躲在父母背後，依靠父母庇蔭而長不大的孩子，無法學習處理生活上的困境，在學校遇到問題就請家長出面解決，這個現象不只出現在校園，社會上那些無法扛起生活的責任，連獨立養活自己都有困難的啃老族案例，也是如此。

不管是科技、制度或社會氛圍，都越來越導向舒適、便利、速成與個人利益，強調短時間見到成果，以個人利益為絕對導向，就像我的這些學生，想用最簡便最省力的方式，直接抓網路資料完成作業，而且認為這些作業與升學考試分數無關，所以不認為抄襲是嚴重的事情，甚至認為被當也沒關係，只要能畢業就好。

這些讓生活越來越便利的科技、越來越強調呵護孩子的制度，想讓學生減輕壓力、能夠快樂學習且過得更舒適的美意，有時卻造就出孩子只看見自己，只在乎個人利益，不關心為自己謀利過程是否恰當，不認為負責與盡力是重要的一面。

而我們現實生活的壓力真的有因為這些便利、舒適、快樂學習的科技與制度而大幅減輕嗎？其實未必，只是轉化成為另外一種形式的壓力而已，畢竟，**生存本來就是件有壓力的事情**。

大考結束後，我改完作業並發還給學生，學生一整個陷入無政府狀態，還問我說：「老師，你還要上課喔！」我講我的，台下滑手機的滑手機，用電腦的用電腦，多數都在做自己的事情。還有很多同學因為請假而缺席，整個教室亂哄哄的，根本無法正常上課。隔沒多久，孩子們就畢業了。

其實我還有話想告訴這些親愛的孩了，但想講的常常都在升學大考後的課堂中，亂哄哄地蒸發了。親愛的孩子，這個作業確實不考，但完成作業過程背後的處事態度，卻是會隨著時間不斷接受各種考驗的。

當你面對一個不想做，卻又是必須面對的責任時，你完成的過程與方式，不僅影響別人對你的觀感，也會影響你對自己的評價，更會影響將來待人處事的風格；當你用抄襲走捷徑的方式去因應，別人會對你不信任，認為你連作業這種小事都這樣做了，其他的大事怎麼可能處理得好，而你自己也會認為，以前類似的小事都這樣做了，將來也可以這樣做，殊不知小事累積多了，就會變成大事，你就會在不自覺中，連大事也這樣做了，不自覺，變成了走鋼索抄捷徑的人；相對的，當你願意腳踏實地地因應每件事情，別人和自己就都會願意相信，即使是小事，你也會全力以赴，大事更值得信賴。

親愛的孩子，老師改這份作業的過程並不比你寫輕鬆，你寫一份，老師改的卻是上百份，老師在意的不是華麗的辭藻、不是字數有多少，老師看重的是完成作業過程中，背後見微知著的處事態度，老師希望你可以從寫這個作業的過程整理自己、認識自己。

親愛的孩子，老師當然知道考試很重要，也知道這個考試不考，但考試不考的，往往才是影響一輩子最重要的事情，這個道理老師也是在經過無數個考試後，才體會到的，這樣，你懂了嗎？

Part 3

這位家長，現在不累，將來會更累

這位家長，
我們覺得對孩子最好的，
卻不見得是最適合孩子的。

完成課業確實很重要，
但如果孩子有機會學會自我負責的話，
我們可能就不用一直要替他的人生負責了！

如果感到很累，請不要急著找捷徑，
因為現在不累，將來會更累……

這位家長，完成課業很重要，但給孩子自我負責的機會更重要

「博瀚」一早到辦公室找我，說昨天和家人吵架，家人叫他滾出去，他一氣之下，就跑到同學家借住一晚，我剛博瀚聊沒幾句，電話就響起了。

打電話來的是博瀚的爸爸，他在電話中不斷指責博瀚不孝，說他出去一整晚，電話不接，也不打電話回家，簡直是大逆不道。

我一邊聽，一邊安撫博瀚爸爸的情緒，同時試著告訴他博瀚的想法，希望他們可以找個時間坐下來好好談談。

「老師，你一定沒有小孩吧！」當我提到博瀚有試著努力想要改變，希望爸爸可以給博瀚多一點的鼓勵時，電話那頭突然沒有聲音，隔了幾秒後，電話那頭突然傳來了這句話，語調一改前面的激動，變得非常冷淡。

「我有啊！」我感受到風雨欲來之勢。

「哼哼！那你的小孩一定還很小，一定不是處在青少年階段吧！」電話那頭的聲音除了冷淡以外，還帶了點不以為然的味道。

「我的小孩確實還很小，這位爸爸，你問這些問題是想說什麼？」面對嘲諷的語氣，我的情緒也有點起來了。

「我覺得你不能理解我兒子問題的嚴重性！」電話那頭依然傳來冷冷的聲音。

「這位爸爸，我的小孩確實還沒到青少年階段，但不代表我無法理解青少年的孩子，因為我已經跟這個年齡的孩子工作很多年了，我不敢說我百分之百理解每個孩子，但我想孩子內心的想法，我大致上是瞭解的，不然他也不會主動來找我。」我深呼吸了一口氣，試著讓自己冷靜下來。

「那你為什麼總是要站在我兒子那邊幫他講話，不能站在我這邊幫我一起把小孩回正軌呢？」電話那頭的音量開始大聲起來。

「博瀚爸爸，我無意站在誰那邊，我只是盡可能地想站在對你們親子雙方都好的面向講話，協助你們找到一個彼此都能接受的平衡點！而且博瀚的本質是很良善的，他只是有自己想做的事情，並沒有走偏。」我的情緒恢復平靜，客觀地回應家長。

「他就是走偏了才會想要搬出去，才會想要休學，你從頭到尾都在幫他講話，要一起說服我讓他搬出去，或是讓他休學，你為什麼不能理解我的心情呢？」家長的語氣充滿怒氣。

「博瀚爸爸，我能感受到你的著急，不是我不能理解你的心情，而是如果要讓事情有轉機，你們必須願意各退一步，先互相理解，事情才會有轉機！」我試著解釋並說明能化解雙方對峙僵局的方法。

「有什麼好討論的，就是不能搬出去，也不准休學，好好念就對了，老師你為什麼不能讓他理解我的想法呢？」家長越來越不耐煩。

「博瀚爸爸，我跟博瀚談過幾次，不是博瀚不想理解你的想法，而是你希望他理解你的方式，就是百分之百聽你的照做，他無法接受。」我說。

「你不懂啦！我這麼辛苦把他養到這麼大，聽我的有什麼不對嗎？」家長又提高了音量。

「博瀚爸爸，如果你和博瀚的方溝通方式，就是單方面要叫博瀚聽你的照做，不可以有自己的意見，你們的衝突很難化解，我能幫上忙的地方也會很有限。」我誠實地表達現況與為難。

「那你當什麼輔導老師，我找你有用嗎？」家長幾乎是用吼的方式講完這句話。

「博瀚爸爸，我知道你很想……」正當我要進一步回應時，博瀚爸爸便以迅雷不及掩耳的速度，將電話掛上，只留下我尷尬地看著電話旁的博瀚。

——這件事情會演變至此，實在出乎我的意料，一開始其實是這樣的……。

老師，你看看這個！

某天我接到博瀚爸爸的電話，說博瀚成績很差，向他表示要休學，他很擔心博瀚一旦休學，就會被校外的朋友牽著走，不可能再回學校完成學業了。

「博瀚每天早上都需要我三催四請才會起床，起床後第一件事情是進廁所梳妝打扮，一進去就要一個多小時，導致上學常常遲到，也不想想最需要打理的其實是他像垃圾堆的房間，最需要花心思的是他滿江紅的成績，成天只注重他外表的打扮，根本沒在唸書，還有生活的其他層面也無法自理，很難讓我相信他休學後能夠將自己管理好。」爸爸越說越生氣。

「老師，你說，這樣可以讓他休學嗎？」講到一半，爸爸突然丟出了這個問題。

我心想，我還沒跟孩子接觸過，實在很難回答這個問題，況且，你這樣問我，我是可以說不要嗎？

「老師，你幫我找他來，好好勸勸他，讓他知道我這個做爸爸的，是多麼擔心他！還打電話來請老師幫忙。」正當我想要回話時，爸爸又緊接著講下去，我完全沒有插話的機會。

「博瀚爸爸，我聽得出來你很關心博瀚，但請給我一點時間，我先把孩子找來，瞭解一下他怎麼想，之後再回電話跟您討論！好嗎？」好不容易，我終於找到機會回話。

「老師，那你要趕快找他喔！因為我覺得事情蠻嚴重的！」爸爸的語氣非常急切。

「沒問題，我今天就會把孩子找來！」我說。

掛上電話後，我翻了一下博瀚的課表，隨即找了空堂，將博瀚找來。

我告訴博瀚，家人對他的擔心。

博瀚搖搖頭，說事情不全然是像爸爸講的那樣。

「我承認我現在沒有很認真在唸書，但我高一的時候是有認真念的，那時我覺得手繪和實習還蠻有趣的，但越學越多以後，我越來越確定，我對這個科沒有興趣，完全不想學，所以我想說高二的時候先休學，用一年的時間搞清楚自己想要幹嘛！我有把這個想法提出來跟家人討論，但他們根本沒讓我講完，就一直罵我，根本沒辦法討論！」博瀚無奈地說。

「爸爸很擔心一旦你辦理休學，就不會再學校唸書了！你自己怎麼想？」我說。

「老師，拜託，我知道將來找工作學歷還是蠻重要的，因為我家裡經濟狀況不是很好，我很早就在外面打工，所以很清楚將來工作，如果想要升遷，其實多少還是會看學歷，因此我至少一定會把高中唸完，拿到高中畢業證書，我想先休學一年，真的是想要弄清楚以後要幹嘛！一年後我還是會復學，把書唸完的！我有跟我爸講啊！但他不相信，就一直罵我！」博瀚嘆了一口氣，表情顯得很無奈。

「老師有稍微先瞭解一下你的成績，其實不是很理想！」我說。

「老師你可以仔細看一下，我高一的成績雖然不好，但都還是勉強都有及格，真正完全沒在唸是高二，因為我想說既然家人完全不願意跟我討論，我就把成績弄爛一點，爛到底，他們看到成績應該就會讓我休學了！」博瀚有點無奈地笑了笑。

「你覺得這樣可以達到你休學的目的嗎？」我希望博瀚能好好想想這種放棄的作法，是不是真的對解決事情有幫助。

「不知道，反正沒辦法溝通，我只能這樣做。」博瀚撥了撥他帥氣的瀏海後說道。

「我從和爸爸的談話中發現，他對你很不放心，而你現在因為放棄學習，全面擺爛而慘不忍睹的成績，更讓他不放心，覺得一旦讓你休學，你就不可能再回來唸書了，如果你想要為自己爭取做決定的自由，讓他們相信你休學是有目的的，是真的想要弄清楚未來的方向，不是為了逃避去學校，就要想一想，怎麼做才能讓他們放心，可以相信你。」我說。

「那要怎麼做才可以讓他們相信？」博瀚身體往前傾，顯得很有興趣。

「那你就要想想你現在有哪些地方是不被信任的？針對這些部分做調整，讓家人覺得你是值得信任的，才有機會跟家人討論休學這件事，另外，你也要想一下如果真的休學了，你的規劃是什麼，讓他們知道你是認真想過，不是隨便講講。」我仔細地分析，希望博瀚可以好好想想，學習和家人溝通。

我陸陸續續跟博瀚談了幾次，這幾次，博瀚都很認真地跟我討論他想到哪些可以調整的地方以及執行的方法。

他早上起床已經不再需要家人叫了，而是自己設定鬧鐘，自己起床，自己騎腳踏車到學校，上學也不再遲到。

看著博瀚的改變，我覺得很欣慰，想說，或許他會因為這些轉變，開始覺得上學是件有趣的事情，而打消休學的念頭，或者，即使他仍然決定休學，家人看到他的轉變，應該也會願意和他討論。

如此過了幾個禮拜，正當我覺得事情慢慢好轉時，卻又有新的事件發生了。

這天，我上完課，剛踏進辦公室，就看到博瀚的爸爸臉色沉重地坐在會客桌等我。

「老師，你看看這個！」博瀚爸爸怒氣沖沖，邊說邊把一張學生住宿申請單遞給我。

我看了一下，住宿申請單上面寫著博瀚的名字，家長簽章的欄位也已經蓋好章了。

「老師，你看看，博瀚根本沒有經過我的同意，就擅自拿我的章蓋了，而且完全不覺得他有做錯事情！」博瀚爸爸的臉色非常的難看。

我先安撫博瀚爸爸的情緒，等他冷靜下來後，和他討論博瀚的近況。博瀚爸爸告訴我，這陣子博瀚確實有些改變，會自己起床，也會自己打理房間，但是回家都在玩手機，或打電話跟朋友聊天，完全沒在唸書，因此成績還是很糟糕，唸他幾句，他就不高興，講話口氣態度非常差，又突然提出要搬出去的要求，爸爸不同意，沒想到博瀚就自己拿爸爸的章蓋好宿舍申請書，經過學校通知後才知道，讓爸爸非常生氣，覺得博瀚一點改變都沒有。

我們討論了約一個小時後，博瀚爸爸就先離開學校，回去上班。

我將博瀚找來，釐清事情的始末。

博瀚告訴我，爸爸規定他每天五點半前一定要回到家，問題是，就算五點下課馬上騎腳踏車回家，也要半個小時，有時候跟同學講一下話，就超過時間了，爸爸就不高興。除此之外，爸爸還規定他除了洗澡吃飯之外，就只能唸書，他偶爾看一下手機訊息，爸爸就說他網路成癮，偶爾跟朋友講電話，爸爸就說他在外面認識了狐群狗黨。而他去打工的時候，爸爸會偷偷跟在後面去看，甚至還會跑去問他老闆他工作的情形，叫他老闆要阻止博瀚交女朋友，博瀚覺得很不受尊重，為此跟爸爸大吵，結果爸爸還拿從廚房出菜刀威脅，要博瀚講話態度好一點。而這些事情，從他國中開始，就一再重複發生，因此他才會想要搬出去住，但爸爸說什麼都不同意，所以他才私自拿爸爸的章，代蓋學校宿舍申請書。

聽完博瀚和他爸爸雙方的意見後，我想了想，試著想找出一個雙方都能接受的共識。

於是，我找了一天，將兩個人一起找來。

兩個人面對面，臉色都很凝重，誰也不想跟對方講話。

於是我開門見山，先對博瀚說：「博瀚，我知道你很認真在想將來要做什麼，休學一年是想找自己的方向，另外，你也想有多一點自己的空間，所以想搬出去，這段期間你做了一些改變，家人和老師都有看到，但家人還是很擔心你無法管理好自己。」

博瀚看著我，不置可否。

我轉頭面對博瀚爸爸說：「博瀚爸爸，我知道你很關心博瀚，也很擔心博瀚不能管理好自己，所以不同意讓博瀚休學或搬出去住。」

博瀚爸爸點點頭。

我接著環顧兩個人說：「你們都有自己的考量，都想要按照自己的方式去做，所以造成了目前的僵局，這樣好不好，有沒有可能博瀚你再多做一點調整，先把自己管理好，把成績拉上來，證明你是有自制力的，可以將自己的生活打理好，讓爸爸可以比較放心，而爸爸這邊就先仔細觀察，看看博瀚是不是有更多的改變，如果這段期間他表現得不錯，證明他可以管好自己，就先讓他搬到學校宿舍，反正學校宿舍有管制，爸爸如果擔心的話，是可以到學校宿舍找他的。」

「那就要看他這段時間的表現，再說了！」博瀚爸爸冷冷地答道。

博瀚則不發一語。

「至於休學的部分，我們就先看看這段期間的狀況，再來討論，你們覺得可行嗎？」我問。

兩人同時點點頭。

事情到這邊，暫時告一段落。

隔了幾週，博瀚突然跑來跟我說，他有努力照之前的討論改變，成績也慢慢拉上來一點，就主動跟爸爸提說下學期可不可以先住校，但爸爸不同意，說他還不夠認真，而且否認有同意要讓他住宿的協議。為此兩人大吵一架，爸爸激動地要求博瀚滾出去，博瀚拿著書包就衝出去，在同學家借住了一晚。

爸爸一早就打電話來。我告訴爸爸，有很多學生是自己住宿後變得更獨立，也有很多孩子，在休學一年後復學，變得更認真了，因為他從工作一年的體驗中，找到了自己的方向。況且這段期間，博瀚也努力做了許多好的改變，希望爸爸可以看見這些努力，多給他一點鼓勵。

沒想到，爸爸對我所說的，非常不以為然，不但如此，還質疑我因為沒有青少年階段的孩子，所以不能理解他的心情，甚至質疑我的專業能力，最後，在我還沒講完話時，就先掛了電話。

「老師，你別在意，我爸以前就是這樣，就沒辦法溝通，我跟我同學講，我同學也覺得是我爸的問題。博瀚看著被掛電話而有點尷尬的我安慰道。

「沒關係！老師會再找時間跟你爸爸聯絡溝通看看的！你這段期間的改變，老師有看到，我相信爸爸也有看到，要保持下去喔！」我說。

「我盡量啦！但如果我爸繼續這樣的話，我不敢保證還可以維持下去，反正我已經想好了，等我滿十八歲成年，我就要自己搬出去住，到時候就不用經過他同意了，工作我也找好了，我會自己賺錢養自己。」博瀚右手握著拳頭，輕敲了自己的胸口後，自信地說道。

「老師會再努力跟爸爸溝通看看，你先做好自己，不要急著就搬出去！」我拍拍博瀚的肩膀，關心地說道

「好啦！但老師你不要白費工啦！」博瀚笑了笑。

擔心與信任的兩極

之後我跟博瀚爸爸多次聯絡討論，他還是很堅持博瀚一定要好好唸完三年，準時畢業，否則這樣會多浪費一年，落後其他同學，不同意他搬到學校宿舍，是覺得博瀚無法管理好自己，一定會整天玩手機，把生活過得亂七八糟，更別說要讓他休學了。

博瀚爸爸很明確地告訴我，他覺得跟我談根本沒用，因為他的小孩，還是我行我素，一點改變都沒有。

「博瀚，老師盡力了，但爸爸很堅持，所以老師大概幫不上你什麼忙了！」我把博瀚找來，無奈

地對他說。

「老師，我知道啦！是我爸的問題，他從以前就這樣！不要管他啦！反正我自己可以照顧我自己！」博瀚一副了然於心，早知道結果的語氣。

「好吧！但你有什麼事情，都還是要來跟我講，就算真的要搬出去，至少也一定要跟家人講你人在哪，不要讓他們找不到人，讓他們擔心你的安危，這點你可以答應我嗎？」我說。

「好！我答應你，有什麼事我一定會跟老師你講的，也會跟我父母講我人在哪！」博瀚笑了笑，一臉豁達的樣子。

整個事情到博瀚高二下學期末的時候，暫告一個段落，博瀚和爸爸沒有再來找過我。

新學期開始時，我發現博瀚重讀二年級，所以主動找他關心近況。

博瀚告訴我，是他自己選擇重讀的，因為他知道自己被當太多，如果不重讀，學分數一定不夠，會畢不了業，他一定會努力修足學分，讓自己可以順利畢業的。

他在高二期末暑假滿十八歲後，就搬出家裡，在外面租屋打工了，因為住外面的關係，跟家人的互動很少，爸爸看他自己可以獨立，也繼續在唸書，就不太管他了。博瀚每個月會固定把賺到的錢拿一部分回家。

畢業後，他選擇先去當兵，然後就業。關於將來，他已經計畫好了，他要先努力存一點錢，為轉換跑道做準備，將來開一間自己的麵包店。

看到博瀚踏實地朝自己的目標前進，我很為他高興，也覺得，我大概也沒有什麼可以教他或幫他的了。

不過我一直在想，如果博瀚不要用擺爛的方式來處理和爸爸的衝突，一路認真努力，會不會就能贏得家人的信任，願意讓他出去闖闖，找到更適合自己的方向；又或者，如果博瀚不要太快論定自己不適合目前所學，再堅持久一點，就能逐漸累積出專業能力，進而對所學的類科產生興趣，不至於有這麼多後續的紛紛擾擾。

同一時間，我也在想，如果博瀚的爸爸，願意先放下擔心，試著給博瀚多一點的信任，給他機會到外面闖闖，陪在他身邊，一起探索方向，會不會讓博瀚少走一點冤枉路，更早找到他想要的，會不會他在外面闖蕩後再回學校，會更甘願好好把書唸完（我遇過很多孩子是這樣子的，休學工作後再復學，變得非常認真），親子之間的關係也不會這麼劍拔弩張，甚至到後來，變得形同陌路；也或者，如果博瀚家人能多給他一點鼓勵和肯定，他說不定能繼續留在這個領域努力，發光發熱。

但這一切，都未可知了。

這位家長，最好的不見得是最適合的

「維麟媽媽，你趕快過來火車站這裡！維麟現在情緒不太穩定，我擔他一個人搭火車會有危險！」我一邊小跑步跟著維麟，一邊拿著手機和維麟媽媽通話。

「老師，維麟怎麼了嗎？」電話那頭傳來維麟媽媽著急的聲音。

「維麟剛剛跟我晤談，說他心情很不好，想要回家，我跟他說請媽媽來接你，他說不必，可以自己搭火車回家，接著就突然站起來，推開諮商室的門，快步走往校門口，我趕快追出來，怕他發生什麼意外。」我大口呼吸，希望可以穩住因為小跑步而紊亂的語氣。

「謝謝老師的通知，麻煩老師幫我看著他！我現在馬上趕過去！」媽媽緊張地說道。

和媽媽講完電話後，我加快速度，跟上維麟。

「你不要跟過來啦！我自己會回家！」維麟停下來大聲地對我吼叫，隨即用跑百米的方式，一路往火車站的方向奔去。

一旁的路人聽到維麟的聲音，紛紛停下腳步，看著我們。

「維麟，你等一下，媽媽會來接你！」顧不得別人的眼光，我拉大嗓門，上氣不接下氣地說道。

「不用！我已經說了，我自己會回家！」維麟頭也不回地繼續往前跑。

此時，恰巧遇到紅燈，維麟被擋下，讓我可以及時趕到他的旁邊。

正當我要開手再說些什麼時，一台黑色轎車從遠處疾駛而來，精準地停在我們面前。

車門打開，只見維麟媽媽從車上走了下來，

「老師，謝謝你，我這就帶他回家。」媽媽對我欠了欠身，表示謝意。

「沒什麼，是我該做的，趕緊回家休息吧！開車請小心！」我對媽媽點點頭。

「維麟，上車！」媽媽轉頭對著維麟說。

維麟一臉不甘願，睜大眼睛瞪著我，卻沒有要移動的樣子。

「曾維麟，有什麼事情我們回家討論，請你現在立刻上車！」媽媽加重語氣，厲聲說道。

維麟這才緩緩地走上車子後座，上車，關門。

綠燈亮起，黑色轎車往前駛去。

我拖著沉重的步伐和滿身的疲憊，慢慢走回學校。

我和維麟已經持續晤談了將近一整年，但這是我第一次遇到維麟在諮商時間尚未結束時，就起身說要離開。

「就覺得心情又開始不好了」

第一次和維麟接觸，是因為他在週記上提到想要傷害自己的念頭，導師看到後，非常擔心，便將維麟轉介到輔導室。

「我很常做惡夢，夢境中，我常常不知道自己身在何處，四周一片空曠，什麼都沒有！」維麟眉頭深鎖，臉色沉鬱，一點笑容也沒有。

「你對這個夢有任何聯想嗎？」夢境常能反應現實生活的樣貌，而最了解自己生活樣貌的解夢人，其實就是創造夢境的作夢者，所以我問了維麟這個問題，希望從他身上找到問題的關鍵。

「沒有，就覺得心情不好。」維麟停頓了好一陣子後，才回答。

「最近生活上有發生什麼事情嗎？」我試著從維麟生活近況找尋他可能的困擾。

「也沒什麼特別的事情，就正常上學，然後回家，一天過一天。」維麟淡淡地說道。

「感覺你的生活裡，好像沒什麼讓你有動力的事情可以做，好像也沒什麼重心！是嗎？」我關心地問。

「還好，就跟大家一樣而已！」維麟的語氣，維持一貫地淡漠。

雖然維麟語氣淡漠，但他全身散發出的氣息，卻讓我感到無比沉重。我和他的前幾次會談，都是在無法聚焦的漫談中度過。

我一直不太確定維麟到底想不想跟我談，以及有沒有需要談。我曾直接問他，是否會排斥來輔導室與我談話，他總是搖搖頭說不會，但每次見面，他又顯得意興闌珊，不置可否，消極而被動，一副無所謂的樣子，但奇怪的是，他有時又會在約談時間之外，主動來找我。

「我覺得胸口悶悶的，有時會有些畫面飄過腦海，畫面裡，我看到自己和自己對話的情景，不知道為什麼，每次這些畫面出現時，我就會突然覺得心情很糟。」維麟主動來輔導室找我，並陳述他的近況。

「你還記得那些飄過腦海的畫面，還有和自己對話的內容是什麼嗎？」維麟提到的情境，讓我有些擔心，所以我決定仔細評估。

「我不太記得，有時就是一閃而過，我也沒有特別留意。」維麟的眉毛抽動了幾下，眼神看著天花板，若有所思地說道。

「你會聽到有人跟你對話的聲音或是其他特別的聲音嗎？」我繼續評估維麟可能會有的症狀。

「好像有，又好像沒有，不太確定。」維麟幽幽地說道。

「這個狀況以前有發生過嗎？持續多久了？以前有看過醫生嗎？」感覺維麟的憂鬱情緒已經維持好一陣子了，我想知道他以前是否就診過。

「國中的時候就有出現過了，有看過精神科醫生，吃藥一兩個月，後來有比較好就沒吃了。」維麟回憶道。

「有印象醫生說什麼嗎？」我想確認維麟的狀況。

「沒有耶！太久了，我不記得了。」維麟說。

由於維麟並不排斥就診，為了確定維麟是否有生病的情形，我幫維麟申請心理衛生中心的醫師諮詢服務，同時打電話與家長聯絡，說明維麟狀況，請家長抽空帶維麟到心衛中心接受醫師專業評估。

「醫生怎麼說？」在維麟接受心衛中心醫師評估後的一週，我把維麟找來，詢問他就診的情形。

「醫生說我有點憂鬱的傾向，叫我回醫院的門診掛號，後來我就到醫院看醫生，他有開藥給我。」維麟將藥袋拿給我看，裡面裝的是抗憂鬱的藥物。

「那你吃過藥以後有感覺什麼不一樣的地方嗎？」我問。

「好像心情比較不會那麼低落的樣子！」維麟說。

「記得要按時服藥，服藥後有什麼狀況，要在回診的時候跟醫生說喔！這樣醫生才知道怎麼調整藥物。」精神科的藥物通常要服用一段時間才會有效果，而許多人常常會忘記服藥，因此我特別叮嚀維麟。

維麟服藥的這段期間，雖然沒有再抱怨胸口煩悶或是心情不好，但每次晤談，我總有一種烏雲罩頂，鬱鬱寡歡的感覺。

我多次和家長、導師討論維麟的近況，他們都表示維麟各方面的表現都很正常，沒什麼特別不一樣的地方。但我還是覺得有什麼地方不太對勁，因此我每隔一段時間還是會固定約談維麟。

某天，維麟在約談時間之外來到辦公室。

「我最近又出現了很多負面想法，覺得同學很討厭，很難相處。」維麟的語氣有些沮喪。

「怎麼了嗎？」聽起來發生了不愉快，於是我關心地問。

「每次實習課，同學就在那邊指揮東指揮西的，或者是嫌別人動作慢，好像他最了不起。」維麟說。

「這樣確實會讓人感到不愉快，也會很有壓力！」我表達對維麟的理解。

「嗯……也還好啦……老師……」維麟欲言又止，好像想說些什麼，卻又難以開口。

「怎麼了嗎？」我問。

「沒什麼，就覺得心情又開始不好了。」維麟閉上眼睛。

「你願意說說看嗎？」我問。

「……」維麟持續閉上眼睛，保持沈默。

「心情不好，有很多負面想法的這件事，你在回診時有跟醫生講嗎？」看來維麟不想要多談自己生活的事情，於是我換個問題。

「他說這可能是憂鬱的關係，要我按時服藥就好。」維麟張開眼睛，緩緩地回答。

「老師隱隱約約感覺，你好像不太喜歡來學校的樣子？」我試著說出維麟可能的感受，希望他會願意告訴我他內心真實的想法。

維麟搖搖頭，又開始不講話。

接下來，不論我講什麼或問什麼，維麟什麼話都沒說，就這樣一路保持沈默直到下課鐘響。

事後我聯絡導師和家長，向他們說明維麟的情形，並表達我的擔心，但導師和家長都表示，維麟一切表現都跟平常一樣，沒什麼異狀。

隔了幾週，維麟開始出現自我傷害的情形，他拿刀子劃傷自己的手臂，還將實習的工作服割破。問他原因，他只是千篇一律地回答，說真的沒有什麼特別的因素，就單純心情不好而已。

自此，維麟上課時常常心不在焉地看著窗外，或是打瞌睡，晤談時多半也都保持沉默。

有一次，我在拿公文的過程中，碰巧在走廊上遇到維麟。

「你頭髮已經快遮住眼睛，要不要去剪一剪啊？不然這樣如果看不到路會很危險的！」我說。

因為維麟的瀏海長度已經超過眉毛，幾乎就要遮住眼睛，所以我想提醒他去剪頭髮。

「還好，可以看得到路。」維麟的瀏海不斷碰觸到眼睛，他回話的時候，眼睛幾乎是瞇著的。

「你看起來不太好，要不要聊聊？」我說。

「好！」維麟低著頭，明快地回應。

我帶著維麟回到輔導室晤談。

「比起前一陣子，老師覺得你來學校好像更不開心了！」我單刀直入地說。

維麟點點頭。

「是什麼原因造成的呢？」我問。

「……」維麟不講話。

「是跟同學處得不好？還是不喜歡現在學的科別？」既然維麟不想講，我就丟出選項，希望可以讓他願意開口。

「就算講了也沒用。」維麟小小聲地說道。

「老師，我現在心情不好，我想回家！」在我還來不及回話時，維麟立刻講了這句話。

「這樣啊！那好，因為你現在心情不好，老師會擔心你回家路上的安全問題，所以老師打電話請家人來接你好嗎？」維麟臉色看起來很差，我不放心讓他一個人回家。

「不用，我可以自己搭火車回家。」維麟講完這句話後，無預警地立刻背起書包起身離開。

我趕緊跟上，並拿起手機打電話給維麟媽媽。

最後，媽媽趕來，順利接走維麟，結束這場驚魂記。

就算講了也沒用

隔天，我接到維麟媽媽的電話，說經過昨天的事情，維麟有點不好意思主動找我，但維麟想跟我聊聊最近遇到的問題，希望我可以主動找他，至於是什麼問題，媽媽說她也不清楚。

「你有什麼想跟老師討論的嗎？」在跟媽媽通講完電話後，我將維麟找來。

「就是，我不喜歡現在學的科別，是很不喜歡，非常不喜歡。」維麟的語氣強烈而篤定。

「那你當初怎麼會選這個科就讀？」我問。

「其實當初這個科是媽媽建議我選的，本來我以為讀這個科，會像媽媽講的一樣，學到很多跟生物有關的東西，也會有很多實驗課，但進來以後才發現，這些根本就只有占全部課程的一點點比例，其他大部分的科目跟這些根本無關，我一點興趣也沒有，我覺得自己繼續唸下去是沒辦法畢業的。」維麟一改前幾次晤談的溫吞，明確而直率地陳述出自己的想法，但陳述的過程中，他不斷地用手抓自己的頭髮。

「感覺要這麼明確地講出你不喜歡目前就讀的科，讓你很緊張，老師記得你之前有講過，你說遇到的問題即使講了也沒用，這是因為你已經有跟家人討論過了嗎？」我從維麟的肢體動作，感受到他的焦慮和不安。

我回想起之前和維麟晤談的片段，再對照他剛剛講的話，好像可以拼湊出他問題的完整樣貌了。

「嗯！其實高一剛進來沒多久，我就發現這個問題了，我有稍微跟媽媽提過我不喜歡念這個科，想要轉學，但媽媽覺得我目前讀的這個科很好，將來出路很多，工作也很好找，我就不想再多說什麼了。」維麟還是不停地抓著自己的頭髮。

「以前有發生過類似的事情嗎？就是你講了自己的意見，但是不被接受之類的？」我想，冰凍三尺，非一日之寒，維麟的情緒會這麼壓抑，應該是其來有自。

「對啊！從小就是這樣，家人會幫我安排好很多事情，為了不想讓他們失望，所以我很少表達自己的意見，因為就算講了也沒用，我還是得照他們的安排走，像我小時候很喜歡畫畫，有跟家人提出想學畫畫的要求，家人覺得學畫畫不好；國中的時候，我想要報考附近學校的美術班，家人也是反對，覺得畫畫將來沒出路，要我去唸私立國中；進來這邊的時候，也是這樣，我說想念設計類科，他們就說念私立的學校不好，但明明國中他們就要我唸私立的，卻又跟我說唸私立的不好，就擅自幫我填了現在就讀的這個類科，說這個科有我喜歡的生物和實驗，將來也比較好找工作，結果進來以後，我發現根本跟他們講的不一樣，越唸越痛苦。」維麟還是邊講邊抓頭髮，頭髮變成一團亂了。

「維麟，老師看到你一直抓頭髮，感覺很焦慮，可見這件事情已經困擾你很久了吧！你先把手放下來，不然頭髮都要被你抓光了！」我微微笑地說。

「喔喔！好，我自己沒有注意到！」維麟將手放下，也不好意思地笑了笑。

「你這段時間心情不好，應該跟這件事情有很大的關連吧！」我接著說。

「算是吧！我就完全不想來學校，坐在教室也只是發呆，實習課的時候，我也不想動，同組同學就很不高興，覺得我很懶惰，拖累大家的進度！我就更不想來了！」維麟不停地搓揉雙手，感覺還是很焦慮。

「這件事老師會試著跟你的家人溝通看看，雖然不確定他們願不願意坐下來和你好好討論，但老師會盡力試看看，另外，你自己也要想一下怎麼跟家人溝通，同時做一點功課，上網去找一些你想就讀的學校與類科的訊息，研究一下這些類科學什麼，以及將來的出路在哪邊等等的資訊，這樣跟家人討論時才會具體明確，才比較有機會說服家人讓你轉到你想就讀的學校類科。」我很願意協助維麟跟家人溝通，但我也希望維麟自己也要主動努力做一點什麼，來幫忙自己爭取他想要的將來，而不是只有依賴別人。

「我會努力去找點資料，也會好好想想怎麼跟家人溝通，謝謝老師！」維麟靦腆地微笑道。

會談結束後不久，我打電話給維麟媽媽，跟她說明維麟的狀況，希望她能撥空到學校，一起和維麟討論。

「謝謝老師的關心，我會先跟維麟討論看看，有需要的話，我會再主動跟您聯繫，到時候再看看是不是要見面討論，謝謝老師！」電話那頭，媽媽很客氣地回應我，但我也聽出來，媽媽暫時沒有想要跟我見面討論的意思。

過了幾天，我將維麟找來，關心事情的後續發展。

我很喜歡現在學的東西！

「你這幾天有跟家人討論你想轉讀設計類科的事情嗎？」我問。

「有啊！但沒用，我找了好幾間學校的資料給他們看，也跟他們講我將來想要當設計師，但當我拿出其中一間學校的資料，他們就『打槍』我說這間哪裡不好，缺點是什麼，我拿出另外一間學校的資料，他們又說哪裡哪裡不好，反正最後都被否決了，結論就是，我不能轉，而且他們說我現在的成績沒有很差，如果轉類科就讀的話，必須降轉到一年級讀起，會多浪費一年，反正都唸了，就繼續待在這裡唸到畢業就好了！」維麟越說越挫折。

「沒關係！你盡力了！老師再打電話跟你家人溝通看看！」我想再努力跟家長溝通看看，能否有轉機。

「老師，不用了啦！講也沒用啦！」從維麟的語氣聽來，可以感覺他已經完全放棄在跟家人溝通了。

但是我還是不死心，再次打給維麟媽媽，請媽媽好好聽聽維麟的意見，並建議她考慮讓維麟降轉到他有興趣的設計類科科就讀，否則維麟不但很可能畢不了業，而且憂鬱狀況會越來越嚴重。

媽媽聽完我的意見後，還是很客氣的回應我，說她會再跟維麟討論看看。

這是我最後一次跟維麟談話，也是我最後一次跟媽媽通電話，因為在這之後，他們就都不願意再跟我接觸了。

接近學期末的時候，導師告訴我，維麟在學校的表現越來越差，上課都在睡覺，叫也叫不醒，成績更是每況愈下，爛得一塌糊塗。

等到新學期開始，我接到了一通友校的電話，電話那頭的林老師，告訴我維麟在這學期，已經轉到他們那邊的設計類科了。

「郭老師你好，曾維麟這學期轉到我們學校，我是維麟的導師，因為維麟媽媽有特別跟我提到維麟以前的一些狀況，她說你很瞭解維麟的狀況，希望我可以先跟你聯絡，瞭解一下維麟之前的情形，以幫助維麟能儘早適應新環境，她還說，有點後悔那時沒有聽你的建議早點讓維麟轉學，否則也不至於造成維麟後來的病情加重，所以不好意思跟你聯絡，要我幫他轉達對你的歉意與謝意！」

林老師仔細地解釋著她打電話給我的原因。

而我也將維麟以前的在校情形，簡單扼要地說明。

一年後，我在學校校慶的友校園遊攤位中，意外地看到維麟。

這是一個以手臂彩繪為主題的的攤位，有一群人大排長龍地排隊等待，而維麟正聚精會神地幫排隊的同學，逐一在手臂上彩繪美麗的圖騰，為了和維麟講上幾句話，我也加入了排隊的行列。

「嗨！維麟！好久不見啊！真高興見到你！」終於輪到我了，我開心地跟維麟打招呼。

「呃……老師！是老師耶！老師你怎麼會在這裡？」維麟先是楞了一下，隨即認出是我。

「就校慶出來逛逛同學的攤位，來幫一些同學增加人氣，捧捧場啊！沒想到竟然但看到你，你怎麼會在這裡呢？」我問。

「我來這裡宣傳我們學校的類科，支援攤位的彩繪！」維麟顯得有點害羞！

「那你現在過得好嗎？」我問。

「還蠻不錯的，學得很開心，我很喜歡現在學的東西！」維麟神采奕奕地說著。

「那太好了，你終於找到了適合自己的領域了！」我說。

由於後面還有很多人排隊等待，於是我很快地請維麟幫我完成手上的彩繪，並簡單地跟他閒聊了幾句，就趕快離開，以抒解後面排隊的人潮。

多數的家長其實都很關心自己的孩子，都期盼著孩子將來能有好的發展，也因此，家長們對孩子常是毫無保留地提供他們手邊所擁有的最寶貴資源，並周到地為孩子們設想，替他們規劃未來的方向，甚至幫他鋪好路，讓孩子可以平順地照著走，其中，維麟的家長就是一個典型的代表。

維麟家長認為藝術與設計是個辛苦的領域，將來的發展會有許多限制，所以幫維麟選擇一個他們認為出路較廣、比較好找工作的類科就讀，因為他們認為，對維麟來說，這條路是最好的。

然而，這真的是最好嗎？答案可能是因人而異。

對家長來說，這確實可能是最好，對其他的很多人來說，也可能是最好的，但是對於維麟，或許許多多像維麟一樣的孩子來說，也是最好的嗎？

最好的就一定是最適合的嗎？其實可能未必。

對父母而言的最好選擇，不見得是最適合孩子的。

好或不好、適合或不適合，其實是一件很主觀、很個人化的認定。

對維麟來說，父母幫他做的最好選擇，其實是不適合他的，而他認為適合自己的，卻被父母認定為不好，這一來一往的拉扯與摩擦，耗費了雙方大量的心力與時間，也造成了巨大的傷害。

所以在面對抉擇或挑戰時，我們要思考的，除了怎樣做最好外，更需要換個角度好好想想，怎麼做才是最適合的。

因為，最好的，不見得是最適合的。

這位家長，請用這世界原本的真實樣貌去教導孩子

個諮室中，我和「凌文」正對面彼此而坐。

凌文眼神專注，態度誠懇，鉅細靡遺地陳述著他之所以要隱瞞導師的原因：「我承認我沒有說實話，但那是因為我忘記那天有家族出遊，突然想起來跟班級團練時間是同一天，因為我覺得講這個理由，老師和同學會不諒解，所以我才會說自己生病住院，沒辦法參加團練，而且班導問我的時候，口氣很兇，一副不相信我的樣子，所以我更不敢說實話，但是因為這樣要記我大過，我覺得有點太重了。」

同一時間，會議室裡，凌文爸爸、導師、主任、組長、議員以及議員助理齊聚一堂。

導師雙手放在膝蓋上，拘謹地坐著。

主任以及組長雙手交握，背脊挺直端坐，臉色凝重。

議員沉沉地靠坐在沙發，雙手交錯插在胸前，不發一語。

整個會場，就這樣沉默了好一陣子。

站在議員旁的助理率先開口了：「縱使小孩說了點小謊有錯在先，也沒有嚴重到要記小過甚至是大過吧！」議員助理冷冷地說道。

「問題是，我跟淩文談過好幾次，他都沒有說實話。團練的時間是全班一起決定的，淩文當時也有贊成那幾個時間點，結果他兩次都沒來，我問他原因，他先是跟我說家族出遊，後來又改口說生病，最後又說他忘記了，但事後查證時，有一個同學跟我坦誠，那天淩文其實是和他一起出去玩。我跟淩文核對，他又說他不敢講實話是因為我很凶，完全不認為自己有做錯什麼！」導師說明事情的來龍去脈。

「就算是這樣，我也不覺得孩子犯了什麼滔天大罪，需要到記過，教育的目的應該不是懲罰，教育應該是要給孩子學習的機會吧！像這種事情，就口頭告誡，讓他知錯能改，不要重蹈覆轍更重要，不是嗎？」淩文爸爸接著說，字字句句鏗鏘有力。

「我們的導師帶班一向是非常用心的，在這件事上面，他已經跟學生溝通過很多次，學生都沒有據實以報，導師經多方思考後，決定懲處，也是基於教育理念，希望孩子可以記取這次的經驗，並加以改進。」主任用沉穩的語氣說道。

「所以最重要的是學生知錯能改嘛！現在孩子已經知道自己做錯了，還有必要做這麼重的懲處嗎？」議員助理不以為然地說道。

「我從頭到尾沒有跟任何人講說，我要記凌文小過還是大過，我只有講，會視情節斟酌如何處分，那現在的意思是叫我不能懲處這個學生是嗎？這樣我以後怎麼帶班，那些遵守約定，認真努力，一起來團練的同學，不就是笨蛋嗎？」導師忿忿不平地說道。

「也不是這個意思，面對學生犯錯，我們身為師長的確實要協助他們改正，但用什麼方式才能達到教育目的，我們是可以有討論空間的！」組長加入討論，試著化解現場緊繃的氣氛。

「我跟你們校長談過了，事情其實很簡單，我們就簡單處理就好！我待會還有會要開，我想我們就先這樣吧！」議員淡淡地說道，隨即起身和助理一起離開。

「那你認為老師怎麼處理比較好？」諮商室裡，我接著問凌文。

「不知道，這不是我能決定的，我知道我可能有做不好的的地方，以後也不會再犯了，希望懲處可以不要那麼重！」凌文說道。

幾週後，懲處結果出爐，凌文被記一個警告。

事件到這邊告一個段落。

你們學校為什麼都不能夠幫幫他呢？

我沒有再跟凌文多談，因為我得知在我找過凌文以及相關會議結束後，凌文便在班上大肆宣揚此事處理的經過，以及他遭受的冤屈待遇，事件原貌已受到扭曲，引發班上一股敵視師長的氛圍，任憑學校努力想要做些什麼，這股氛圍都久久無法平息。

我在想，這件事情中，家長、師長處理的方式與態度、以及議員的介入等部分，會對凌文帶來什麼影響？

凌文真的會認為自己有做錯嗎？他真的會反省自己做錯什麼並加以改進嗎？還是他會學到，遇到問題，就是要靠權勢解決？千錯萬錯都是別人的錯，自己不會有錯？或者他會認為，任何事情就是要先下手為強，先講先贏？最好是儘早拉攏別人和自己結盟，利用他們幫自己講話？

想到這裡，我腦海中浮現了一些同樣引發我深思的類似事件——「子軍」的故事。

子軍因為身體病弱的關係，在國小、國中階段獲得了非常好的照顧，學校幫他安排許多的特殊課程，同時讓他可以選擇在沒有興趣的課程時段，到特殊課程教室休息，也允許他沒有限制地請假，甚至幫他彈性調整了許多科目的成績，讓他順利畢業。

子軍以及子軍的家人，帶著同樣的期待，進到了高中。

高中的制度跟國中小不同，請假、出缺席以及評分的標準、畢業的門檻，都跟前面的教育階段有很大的差異，老師的教學與課程安排方式也都不一樣，於是，子軍在學校的學習過程中，發生了許多過去不曾遇到的問題。

子軍是一個在學習上極度偏食的學生，對於他沒有興趣的科目，他一開始的處理方式是採取完全不接觸，上課不聽，課後也不練習，到後來，只要有他不喜歡的科目，他乾脆就當天不來學校，或是曠課，造成他很多科目被扣考，（也就是他在某些學科的曠課，超過整學期該科目總時數的三分之一時，他就失去了參加該學科的學期考試資格，成績會直接以零分計算），而且情況越來越嚴重。

子軍在國中國小之所以沒有這些問題，是因為學校會完全配合子軍的喜好調整課程，或是放寬評量標準，但是高中無法採取相同的運作模式。

「如果你再持續缺曠課，或者放棄某些科目的學習，不但無法畢業，連修業證明都無法取得，你最後的學歷證明就只有國中，高中這三年，你會什麼都拿不到，這是樣的結果是你要的嗎？」我憂心忡忡地對子軍說。

「我知道，但我覺得沒差，反正我來這裡就只是想要學我有興趣的東西，只要有學到就好，沒學歷沒差！」子軍滿臉不在乎。

「那你有想過自己的將來要做什麼嗎？你對未來有規劃嗎？有什麼打算嗎？」我還是很替子軍擔心。

「以後的事以後再想，反正我爸自己有開工廠，大不了就是繼承工廠，怎樣我都餓不死的啦！」子軍笑了笑，對我說的完全不以為意。

很多老師都不斷提醒、勸誡子軍，但子軍依然故我，完全沒有想要改變或調整的意思。

相較子軍淡定的態度，媽媽可是著急多了。

「我的孩子就比較弱勢一點，你們學校為什麼都不能夠幫幫他呢？」媽媽氣急敗壞地對著我說。

「子軍媽媽，我們已經為子軍開過好幾次的個案會議了，妳也有在場，也知道任課老師們都願意用對子軍採取多元評量，就算他考試成績不及格，只要他願意準時來學校，上課認真聽，按時交作業，同時把老師額外幫子軍出的試卷完成，老師們其實都會願意彈性調整他的成績，讓他至少可以及格通過，但問題是，他常常不來學校，也不交作業，實在是沒辦法給他及格啊！」我想起許多老師曾提供給子軍許多額外的協助，又想起個案會議時媽媽說會好好要求子軍的承諾，不免有些生氣。

「你講的那些我都知道，但我們子軍從小就這樣啊！他就覺得有些老師上課很無聊，或是講話很衝，他就會害怕不想去啊！國小國中的老師都願意讓他不用上這些他不喜歡的課，或者讓他請假，為什麼進來高中以後，你們都沒辦法像以前的學校一樣，幫忙子軍？」媽媽對我剛剛講的頗不以為然。

「子軍媽媽，高中的制度跟國中不一樣，而且，子軍也快成年了，應該要學習怎麼成熟地面對問題，學習用恰當的方式解決問題，如果一直沿用過去的方式，只是要求別人配合他，或者遇到困難就逃避，對他來說是很危險的，因為將來出社會，他一定會無法適應，倒不如趁他進高中的機會，慢慢學習，慢慢改變，他才會進步與成長，以後才能夠獨當一面啊！」我說。

「這些我都跟他講過了啊！他也都知道，但他就是這個樣子，你要我怎麼辦？學校就不能幫幫他嗎？」子軍媽媽越講越不耐煩，聲音也越來越大。

「子軍如果**不願意幫忙自己，不願意做一些調整，別人真的很難幫上他的忙！**」我無奈地說。

「我要去找你們校長，我要去找教育局，問問看你們學校到底是怎麼回事？老師一點教育熱誠都沒有！」媽媽顯然很不高興，講完這句話以後就氣沖沖地離開。

不久後，校長和教育局都前來關切。

我們幾個相關業務的老師，也只能如實說明。

而子軍，依然故我，沒有任何的改變。

我在想，過去的教育階段給予子軍的萬般照顧，究竟對子軍造成什麼影響？家長對子軍無微不至的呵護，到處幫他爭取權益的教育方式，又如何影響子軍？

子軍會因為享有這些周全的服務，而學會感恩嗎？他為因為旁人的努力與付出，而學會把握當下，珍惜所擁有的嗎？他會因為沒有壓力的成長過程，而變得更為穩重、更能獨當一面嗎？還是他會因此覺得，這一切都是理所當然的？他會因此而目空一切、更加自我中心嗎？或者是遇到困難就盡可能逃避、尋求家人庇護？

不管是子軍還是淩文，他們的家人都非常地關心他們，也非常願意幫他們做很多的事情，儘可能為他們排除生活上遇到的任何困難或阻礙。

問題是，**這些關心與幫忙，會為他們塑造出怎樣的世界觀**？會讓他們從中學到什麼？這些經歷，是真實世界裡的常態嗎？還是只是長輩為他們建立的私人溫室？

這個世界不為你一個人運轉！

這幾年，我越來越常遇到像凌文或子軍這樣的學生，他們反應快、很有自己的主見，也很勇於提出自己的看法，並爭取自己的權益，但同時，他們也極度的自我中心，無法同理別人、關心別人，做很多事情往往只考慮自己的利益，而不管是否會傷害到別人，挫折容忍力也較低，遇到困難時，常常會用逃避或放棄的方式因應，追求速成的享受。

這個現象很令人憂心。

而這些令人憂心的孩子，背後的家長，常常也是如此。

當家長過度呵護孩子，過度為孩子爭取自己的權益，甚至為了保護自己的孩子而去壓迫別人、合理化孩子做過的錯事時，孩子很可能會就此認定，這個世界的運作應該就是要以自己為中心，自己得利最重要。

然而這個世界真的是以某個個人為中心在運轉的嗎？這真的是這個世界原本的樣子嗎？

其實不是，因為沒有眾人們的互相協助與支持，沒有人能單獨存活下來，但如果孩子從小就在自我中心的溫室中長大，他們就會以為這個以自己為中心的溫室，就是這個世界原本的真實樣貌，以這樣的心態跨出社會，去面對社會的風風雨雨，他們很容易就玻璃心碎滿地地受重傷，或者是鐵石心地踐踏旁人來成就自己。

所以，親愛的孩子，在看見自己的同時，也請學習看到自己以外的人，因為這個世界，並不是只為你一個人運轉！只有你一個人，也無法推動世界的運轉！

而親愛的家長，請你用這個世界原本的真實樣貌去教導孩子吧！不要讓孩子眼睛裡，只看得到自己；不要讓孩子誤以為，整個世界是以他為中心運轉、誤以為這個世界只有他自己最重要！

這位家長，現在最省力的將來往往會變成最費力的

早上剛進辦公室，便接到一通來自市政府的電話。「老師你好，我是家防中心的張社工，想請教貴校不知道是不是有一位學生叫林上近？」

我很快地查詢一下電腦裡的學生系統，確認了學生身分：

「張社工你好，我們學校確實有一個孩子叫林上近，請問發生什麼事了嗎？」

「是這樣的，我們昨天接到通報電話，通報內容是上近遭受到家暴，因此想到學校訪視上近，不知道是否方便商借輔導室跟孩子會談？」社工客氣地說道。

「好，請問你想要跟上近約什麼時間訪視？」我想先確認訪視時間，以便找學生前來。

「中午時段可以嗎？」社工說。

「沒問題，我會請孩子吃完午餐時過來，我們約十二點半好嗎？」我說。

「好！謝謝老師，明天就麻煩你了。」社工說。

隨後，我查了一下上近在學校的資料，包含出缺席、獎懲以及成績等各方面的表現，發現，上近的成績和出缺席狀況都不是很理想，而我在高一時，就曾約談過上近，也跟爸爸討論過，但未見成效。

隔天，我將上近找來，社工和他會談了半個小時左右。

「隨便填都會有學校，真不知道他們在緊張什麼」

「請問張社工，上近家裡有什麼狀況嗎？」我讓上近先回教室上課後，詢問社工。

「上近爸爸認為上近花太多時間使用電腦，而發生口角，最後爸爸有動手打上近！」社工說。

「所以是其他的家人幫上近通報的嗎？」我問。

「嗯……其實是上近自己打電話通報的！」社工尷尬地笑了笑。

「上近自己通報的？請問是發生什麼事情嗎？」通常我和社工接觸，大部份是因為我發現學生家裡有出現異狀需要協助，由我通報，再由社工和我聯繫，或者是這個孩子曾被前一個教育階段的學校通報過，再不然就是醫療、社政單位、或個案的家人評估個案面臨的處境認為有必要後通報，我很少遇到學生本人自己主動打電話通報社工的，特別上近又是高三生，高三的同學多半在準備大考，很少在這個階段和家人發生嚴重衝突的，況且之前和上近家人的接觸經驗，感覺爸爸是很疼愛上近，因此我有點疑惑，上近是基於什麼原因主動和社工聯繫的。

「這個嘛……簡單說，就是上近可能因為花了很多時間在打電動，爸爸對他打電動的時間做了限制，上近不滿，因此爆發衝突，所以上近自己打電話通報的。」社工說。

「原來如此，那我了解大概的狀況了！」我點點頭說道。

我遇過不少因為花太多時間打電動或使用手機的學生和家人發生衝突，但學生因為這樣的衝突而自己通報社會局的，我倒是第一次遇到。

「之後我會先跟爸爸聯絡，然後家訪，而上近的在校情形，也請老師留意關心了。我可能會再擇期到校訪視上近，到時候就再麻煩郭老師協助安排和上近的會談了！」社工說。

「好，沒問題！看何時需要訪視，你再跟我聯絡，我再將上近找來！」我邊送社工走出辦公室邊說道。

接著，我撥了通電話給上近家人，以瞭解家人的想法。

「老師，我那天是有動手打人沒錯，但因為他罵得很難聽，講的我好像跟他毫無關係，連陌生人都不如，我實在氣不過，才拿皮帶打他，沒想到他居然就打電話通報社會局了。」上近爸爸的語氣又氣又無奈。

「我想上近爸爸可能也是很擔心他繼續沉迷網路遊戲，會不可自拔。」我試著同理上近爸爸的感受。

「都怪我平常太忙著工作，加上他是獨生子，我想說無聊就讓他玩一點電動沒關係，沒聽老師的建言，多花一點心思在他身上，太過放任他了，才會變成這個樣子！」上近爸爸嘆了口氣。

「上近爸爸辛苦了！要拉近跟孩子的距離需要多一點的時間，我想這次的衝突，也對親子雙方來說，也是個互相瞭解的契機，希望你可以趁此坐下來跟孩子討論，更瞭解他在想什麼，我也會找個時間跟上近聊聊，瞭解他的想法。」我說。

隔了幾天，我將上近找來。

「上近，我知道張社工針對這次的事件，已經和你會談過，也跟家人聯繫過，也進行了家訪，但老師基於職責和關心，還是想簡單跟你聊一下這件事！」我說。

「老師，社工老師說這件事暫時告一段落，我也覺得過去了，不想再談。」上近冷冷地說道。

「你和家人的衝突也許已經落幕，但你的在校的各項表現越來越不理想，老師很擔心這樣下去，你會畢不了業，而大考在即，你的現況也對大考不利，老師真的很關心也很擔心你，給老師一點時間和你聊聊好嗎？」我誠懇地說道。

「好吧！既然老師都這麼說了！」上近勉為其難地答道。

「謝謝你！老師很關心事情發生的經過，雖然我知道事情的概況，但對於其中詳情並不了解，你願意說說看嗎？」我專注地看著上近，準備仔細聆聽事件的來龍去脈。

「我從國中開始就迷上了網路遊戲，花轡多時間在電動上，我爸媽工作很忙，平常是不太管我的，不知為什麼，最近就突然很會管我，所以跟他們起衝突了！就這樣而已，其實也沒什麼事！」上近淡淡地說。

我想起了之前和上近及家人聯絡的情形，他們都認為把打電動當成生活消遣，無傷大雅，也不認為這是什麼嚴重的問題，所以我只談了幾次，覺得使不上力，便沒有後續了。

「聽起來你從國中開始打電動就打蠻兇的，那時爸媽都沒有意見嗎？」我想知道過去上近家人對他過去打電動的處理方式。

「國中有一陣子打電動打得比較兇，但因為我的成績大概都還是可以維持中等左右，所以，他們偶爾會稍微唸一下，但唸完就算了，所以也還好，沒什麼太大的問題，我還是可以照打我的電動，但最近他們很愛管我，我覺得很煩，有可能是因為高中以後，我的成績比較爛的關係，但其實我高一、高二也一直都是這個樣子啊！他就唸他們的，我就打我的，跟以前一樣，各過各的不是很好嗎？不知道他們現在管怎樣的！」上近理直氣壯地說道。

「我想是因為你現在高三了，他們很擔心你畢業還有升學的問題，所以才會希望你多花一點心思在課業上。」我試著解釋父母可能的擔心。

早期的教育制度對於學生的在校表現有較多的要求，例如曠課時數超過一定的門檻、某學期學分數太低或者是該學期的懲處過多，可能會直接面臨留級或轉學的問題，但隨著時間的演進。這幾年的教育制度，希望給予學生更多自由發展的空間，紛紛鬆綁這些規定，學生不會再因為曠課、學分數不足或持懲處過多的問題，就提早在高一高二直接面對留級或轉學的問題，往往會等到高三時，家長和學生才會意識到高一高二的累加的懲處或學分數不足的問題，會導致無法畢業，雖然學校相關單位之前有提醒過上近和家長學分數的問題，而我也曾和他們討論，但那時他們沒有將這件事情放在心上。

「我有算過了，我只要再重補休個幾科，應該是可以剛好滿畢業學分，因為我的學分數至少可以達到肄業的標準，所以大不了再申請延修，一定可以拿到畢業證書的，我有跟他們講過了，大學的話，隨便填都會有學校，真不知道他們在緊張什麼，管我那麼多幹嘛！」上近不以為然地說道。

「或許畢業或升學對你來說不是問題，但他們擔心你太沈迷在網路遊戲世界會對身心健康有不良影響，其實老師跟他們一樣有這樣的擔心。」我關切地說道。

「不會怎樣啦！我現在還不是活得好好的！」上近的語氣滿是不在乎。

「身為師長會擔心是很正常的。你可以告訴老師那天和家人的衝突情形嗎？怎麼演變到需要通報的地步？」看來上近認為旁人的關心來說不過是沒有必要的干涉，他也不想多談，於是我將主軸拉回到通報當天現場的狀況，以瞭解衝突發生的緣由。

「也沒什麼，就那天他們一直唸我整天打電動，就像以前一樣，就他唸他們的，我打我的，我爸就突然把我的電腦電源拔掉，還把網路線整個扯斷，還拿走我的手機和平板，我就生氣了，罵他在幹嘛，是不是白癡不知道這樣弄很傷電腦之類的，他就很生氣，拿皮帶打我，我就自己打電話通報家暴，就這樣！」上近用描述別人事情的方式描述著。

「現在回想當天的事情，你自己怎麼看？」與其對上近說教，讓我被他歸類為跟父母一樣只會唸他，不如讓他自我檢視。

「我覺得我已經很克制了，我們班還有很多同學比我誇張很多的！他們爸媽還不是沒什麼在管，可以照樣繼續打電動啊！」上近的語氣，好像在告訴我，我太大驚小怪了，他這樣根本沒什麼。

「那這件事過後，你跟爸爸還有互動嗎？」我問。

「就不講話啊！沒差！反正我回家就吃飯、拿錢和睡覺而已，本來就很少跟他講話了，現在不講話也沒差！」上近不在意地說著。

「所以家裡對你來說，就是旅館和銀行，爸媽對你來說，就是飯店老闆和提款機？」我說。

「哈哈！好像是耶！」上近笑了笑。

「這樣你爸媽會很傷心的！」雖然上近可能覺得我的比喻很有趣，但我覺得我如果是上近的父母，應該會覺得一點都不有趣，根本笑不出來。

「我是不知道啦！但那天他們對我很凶啊！」上近說。

「那你覺得你那天對他們有很溫柔嗎？」我問。

「社工老師是有跟我說，要我跟爸爸好好講話！我承認我口氣也不好，但我覺得我爸也沒好好跟我講話啊！」上近語氣有些不滿。

「老師相信很多道理你都懂，一些師長包括社工老師等可能也都提醒過你，類似的話老師就不多講了，但希望你不要讓這次的事件太快過去，而是讓這件事在心裡面留久一點，藉此好好想想，想想你家人雖然平常不太管你，但多數的時候是如何對待你的，而你怎樣對待他們的？也許他們平常忙於工作，沒有很多的時間跟你互動，但我相信他們對你還是有很多付出的，不管是提供你穩定的生活環境或者是其他形式的關心與付出，你可以好好想想，家人對你付出了哪些？而你用什麼方式回應這些付出？**任何關係都是雙向的，都是互相的，家人對這份關係有責任，你也有責任**，今天事情演變成如此，如果我們只有看見別人的問題，衝突一定會一再上演，老師希望你可以藉這個事件更認識自己，想想自己的責任是什麼？自己在這次衝突中做了什麼造成這樣難堪的局面？自己是怎樣一個人？」上近只注意自己受害，卻忽略了他對家人造成的傷害，我希望他可以學會檢視自己，而不是只會檢討家人。

「嗯……」上近稍微平靜了一點。

「關係是雙向的，是互相的，爸爸有責任，你也有責任，就像你講的，你也有發現自己口氣不好，如果雙方都堅持是對方的問題，事情就不可能有轉機，只會不斷衝突。」我心平氣和地說道。

「可能吧！」上近答道。

「老師知道你有看到父母對你不好的地方，可能覺得他們都忙於工作不了解自己，你可以對父母不滿，但老師希望你除了看見父母做不好的地方，不滿他們之外，也要公平地看見他們對你的好，公平地看見自己怎麼對待父母的，好好想想自己在衝突以及親子關係中做了什麼？思考這些是很重要的，因為你怎麼對別人，別人其實就會怎麼對你。」我說。

「嗯。」上近平靜地說道。

「另外，老師也希望你好好想想你怎麼對待自己，你對待自己的方式會怎麼影響自己的未來？這種放任自己無限制投入網路世界的生活，持續下去，自己會變成什麼樣子？不用急著回答，先好好想想好嗎？」我緩慢但堅定地說著。

「好，我會想想的。」上近點點頭。

上近後續沒有再傳出類似的家庭衝突事件，他在學校的作息一切正常，社工不久後也結案，由於上近無意再與我談話，因此我和上近的晤談就此劃上句點。

雖然晤談中，上近說會好好想想，但其實我不那麼確定，在走出諮商室後，他會記得多少，畢竟我對他的影響力遠遠不如網路以及身邊的人，但至少，我埋下一個讓他自我檢視的種子，希望日會有機會發芽。

上近以延修的方式，順利取得畢業證書，上近爸爸打電話來向我表示謝意，但他也說，親子關係從那之後就一直處在冰點，好像回不去了，擔心上近上大學後，再也沒機會修復了，我鼓勵上近爸爸不要氣餒，多給彼此一點時間，再努力看看，希望他不要就此放棄。

我想，對上近來說，電子產品可能比父母還像真正的家人吧！因為不管何時，只要打開電源，它們就陪伴在身邊，分享生活的所有喜怒哀樂，隨時給予他讚賞和鼓勵，提供各種精神層次的滿足，因此當它遭受剝奪時，上近用盡全力捍衛；而對上近的家人來說，電子產品可能是為他們分擔教養重擔的最佳幫手，讓父母可以全心投入工作，還可以讓他們在疲憊的工作之餘，好好休息，為他們省下大量的教養時間與心力，因此，他們也樂於讓它接手教養的困難責任。

於是，**電子產品成了親子雙方的萬能保母**，它不但填滿了上近內心的空虛，給了他生活的重心與方向，也照顧了父母衝刺工作的需求，讓父母可以將全部的心力，專注在工作上，最後，親子雙方成了最熟悉的陌生人、彼此功能利益導向的工具人。

幸運的是，在這次事件之後，上近的家人有警覺到這件事情，上近爸爸一改過去不以為意的態度，想要跟上近拉近關係，我想，只要有心，上近應該也會感受到，一切都不會太晚，只是可能需要漫長的時間，才能慢慢找回被取代的親情。

上近和家人也許都沒想過，原本，讓親子彼此都省力的電子產品、讓彼此都輕鬆的萬能保母，最後卻成了讓他們最費力的生活隔閡、最難修復的親子裂痕。

Part 4

親愛的老師，我們要跟孩子一起累

親愛的老師，我們學生時代學的東西，跟年齡一樣，有部分可能會慢慢變成歷史。

如果我們不能自省的話，我們可能會被編入古代史。

如果我們願意跟孩子一起累、一起與時俱進的話，或許就有機會正向改寫學生的現代史……。

親愛的老師，請善用自己的影響力

這天，下課後，我遠遠地便看到「錦繡」眼睛紅腫，坐在辦公室等我。那個紅腫，明顯是因為哭泣造成的。

「你看起來很難過，發生什麼事了嗎？」我關心地問。

「老師，我從高一就開始就很認真想要把書讀好，但我發現，不管我多麼努力，成績始終在及格邊緣，特別是專業科目，不論怎麼樣都唸不起來。」錦繡用濃厚的鼻音說。

「對你來說，這些專業科目一定很不容易，而你也真的盡力了！」我聚焦在錦繡的努力上，希望讓他可以看到自己的認真，不要一再過度苛責自己。

「嗯！我是真的盡力了！真的盡力了！」錦繡哽咽地說。

「老師相信你真的盡力了！能夠盡力，就是一件值得欣賞與肯定的事情！」我加強語氣，希望給予錦繡多些鼓勵、多些正面的能量。

我遇過很多學生，很努力學習，但成績表現還是不理想，他們為此感到挫敗。面對這個狀況，我除了陪伴他們，跟他們一起走過這個無法避免的失落歷程外，也會試著告訴他們，其實盡力就是最好的成績，跟他們一起欣賞自己的努力。當然，如果可以的話，我也會和他們討論這過程，可能的問題癥結點。

「我本來理科就不好，進來這個以理工為主的科別，常常都聽不懂，因此我都會主動去請教老師跟同學，也花很多時間在唸書，但是還是學不好，不知道怎麼辦？」錦繡情緒較剛剛平靜了許多，可以更清楚地陳述。

「認真努力，卻沒有相對應的成果，你自己怎麼想？」我問。

我相信，錦繡對自己是最瞭解的人，只要他願意集中注意力，認真思考的話，一定會有自己的答案。

「我有想過，我覺得我並不適合念這個科，當初填這個科，我自己就覺得很勉強，但是家人一直強調，這個科出路有多廣，有多好找工作，我才填的，但進來以後，覺得真的很痛苦，根本學不來。」錦繡娓娓道來。

「你有什麼打算嗎？」既然錦繡思考後發現自己不適合這個科別，我想他也有進一步思考過接下來的因應方式。

「我有跟家人討論過，我準備在高三的時候，跨考別的類科，他們聽了以後，也不反對，沒有勉強我一定要繼續走目前這個領域！」錦繡說。

「那很好啊！雖然你選了一個不適合自己的科別，但因為這樣，你有機會更了解自己適合什麼，有失卻也有得，家人也支持。那你有想好要考什麼類科嗎？」我問。

負責地做一個更適合自己的決定

對於十七、十八歲的青年學子來說，從各種選擇試探中，不斷摸索自己的方向，是很正常的，就算選了不適合自己的科別，也沒有關係，只要即時處理，積極面對，不要逃避或者擺爛。這樣的危機，往往也是轉機，有些人從此找到了更適合自己的方向。

「我想要報考外語類群，我有上網查了一點資料，覺得還蠻有興趣的！」錦繡稍微露出了一點笑容。

「你不只認真學習，也很認真思考將來，相信你接下來會越來越知道自己要什麼！」我再次反應錦繡認真負責的優點讓他知道，希望給予他正面的強化。

「嗯！我也很希望是這樣！」錦繡點點頭。

「聽到目前為止，都還不錯，但你剛剛看起來很傷心，是什麼原因呢？」我問。

「我們班還蠻重成績的，老師就曾在班上公開講過，只有不夠努力的人才會想要跨考，希望我們大家要好好唸，不然跨考會很累，他還說，跨考的同學以後的發展通常都不好，要我們互相警惕、彼此提醒，雖然他沒有指名道姓說誰，但是班上同學都知道他在講誰，其實就是在說我跟另外幾個同學。」錦繡講到這裡，語氣略為哽咽。

「如果老師沒有明講的話，同學怎麼會知道其實就是在講你們幾個？」我問。

「因為老師常常會在每次段考結束公布成績時說，某某這次考得很好，某某要多加油，不然之後可能會唸不下去而不得不跨考，而那幾個要多加油的就是指我們幾個，同學下課的時候，就會學那個老師這樣說，某某要加油喔！要加油喔！不然可能會唸不下去，有人就要跨考囉！講完後就冷笑，其他人就跟著一起笑，老師看到了也不覺得有什麼。」講到這裡，錦繡眼眶開始泛紅。

「這樣確實很傷人，也會讓人不舒服！但這不是你的問題，是這些語帶嘲諷的人的問題！」講到這裡，我終於知道為什麼錦繡會這麼難過了。

多數的老師其實都鼓勵學生尋找適合自己的方向，但我也遇過少數的老師，確實會灌輸學生轉考其他類組是不好的事情，是弱者或不認真的人才會做的事情。

「老師，跨考真的不好嗎？我真的不是不認真啊！我有努力過好長一段時間，就是唸不來才會想要轉考的。」錦繡難過地掉下眼淚。

「每個人的觀點不同，同樣身為老師，我就不認為勉強待在一個學得很痛苦的科別是件好事，只要確認自己努力過了，也有仔細想過不是為了逃避而跨考，跨考對你來說，其實反而是一件負責任的事情，負責地做一個更適合自己的決定，這沒有什麼不好的，這是你自己的人生，別人沒辦法為你負責，更沒辦法幫你承擔什麼。」我分享自己的觀點，希望錦繡不要被侷限在制式的框框中。

「那我們班老師為什麼要這樣講？」錦繡擦了擦眼淚後問道。

「我不確定他為什麼要這樣講，但我猜可能跟他自己的經歷有關，也許那位老師他就是以這樣的理念，一路努力到現在的職位，他講的可能是他的人生體悟，這個體悟對他來說可能很珍貴、很受用，所以他想跟你們分享，也可能是因為他遇過一些跨考的同學，表現不理想，所以擔心你們跨考太累而不鼓勵，也有可能是其他我沒想到的原因，但不管是哪一種，這個體悟或這些經歷，都不能直接套用在你身上，因為每個人的狀況不同，不能一概而論，也不能一體適用，重點是聽完這些後，你的想法是什麼？別人的經驗可以參考，但你要有自己的想法，因為這是你自己的人生，不是他們的人生！同樣的，我的經驗或想法你也可以參考，但我講的也不見得全部都是對的，所以不要照單全收，你要問問自己，那些才是適合你的？」我仔細說道。

「那跨考的同學以後真的會表現比較不好嗎？」錦繡還是很擔心地問道。

「跨考比較辛苦是真的，因為要同時準備新的學科跟原有的學科，也會比較孤單，因為多數的同學都是選擇原科別考試，在老師看過的同學裡面，確實有同學因為準備兩種類科而心力交瘁，表現不佳的，但我也遇過很多跨考的同學，表現很好的，關鍵不是你有沒有跨考，而是在於你有沒有想清楚，下定決心並做好規劃，有很多同學即使沒有跨考，準備原本的科別，但因為沒有認真，表現得更差，與其渾渾噩噩勉強留在一個不適合的科別，或只為了跟別人一樣而盲目停在原地，倒不如認真思考自己真正的需要，做出符合自身的選擇，老師鼓勵你可以多跟幾個人討論，師長也好、家人也好、朋友也好，考量興趣、就業管道以及將來的發展性，多做一點功課，再將這些綜合之後，整理出自己的想法，再做決定，這個過程，只要你有需要，老師都很願意跟你討論的。」我邊說邊回想曾遇過的各種學生狀況。

「如果跟那麼多人討論過，該考量的也考量了，也做了很多的功課、想了很多，**卻還是做錯決定**

怎麼辦？」錦繡提出了另一個擔心。

「你現在的處境不就是做錯決定的狀態嗎？人很難隨時都做出完美的決定，做錯決定沒關係，重點是發現自己做錯決定後如何處理，是繼續留在錯誤的決定中，然後不斷抱怨，讓事情持續處在錯誤的狀態？還是想辦法為這個錯誤的決定做些什麼？從錯誤中學習，找出自己需要提升之處然後加以成長？或者是明快地脫離錯誤的決定，為自己再找出口，再創新機？端看我們怎麼選擇，不是嗎？」錦繡提出的擔心，同時是很多人的擔心，擔心很正常，但能否突破困境的關鍵在於除了擔心之外，要思考下一步如何行動，化危機為轉機。

「嗯……可是同學還是會學老師講話，拿我當笑柄。」錦繡不再像剛會談時惶恐，而是能夠平靜地陳述與詢問。

「你可以仔細回想一下，觀察他們的日常，你仔細想想，這些會嘲笑你的同學，他們的表現如何？當他們嘲笑別人的表現時，他們的表現是否真的足以受人欣賞與肯定？」我問，因為我知道，這些以取笑他為樂的人，很多都是自我感覺良好。

「那幾個好像表現也沒比我好到哪裡，但也有幾個的表現是比我強很多的！」錦繡邊講邊回憶道。

「成績比你好又如何？如果這些人是會那種會拿自己優勢去攻擊弱勢的人，是那種因為自己表現比別人好，就去貶低別人的人，你認為別人會真的發自內心敬重他嗎？你會想要接近這種人嗎？」我問。

「老師這麼一講，好像不會耶！」錦繡若有所思的說道。

「如果不會，為何需要在意這種人講的話？為何要浪費力氣在這種人身上？倒不如將在意他們的心力，用在幫忙自己，不是更實在嗎？」我說。

「嗯！我明白了，我會好好想想老師跟我討論的東西，謝謝老師！」錦繡很有禮貌地對我鞠了個躬。

「不客氣，如果還有需要討論的，觀迎你來找我，如果你想清楚，接下來怎麼走，也請告訴我，因為老師會很關心也想知道你最後的決定的。」我微微笑地說道。

「好，不管如何，我都會告訴老師的！」錦繡開心地笑了。

錦繡最後決定要轉考其他類群，因此努力準備，後來也進入了他自己心目中理想的校系。

對錦繡來說，老師的話，不僅影響了他對自己的看法，也影響了了班上其他同學的看法，甚至形塑了整個班級氛圍，可見老師提出的意見，在某些時刻，或對某些孩子來說，是很有影響力的。特別是年紀越輕或越小的孩子來說，老師的話往往舉足輕重。

但同是為人師表的我，很清楚知道即使身為老師，還是有很多不足之處，還是有很多有待學習的地方，並不是身為老師，就是萬事通，什麼都懂，充其量，老師所專精的，也不過就是自己熟悉的領域，而在這個有限的領域之外，關於其他專業、關於人生、關於選擇以及關於將來等等，不見得都能有周全的見解，許多的時候，老師所懂的，其實是非常受限的，甚至是無知的。

所以，親愛的孩子，老師的人生歷練可能比較豐富，有很多值得參考之處，但老師也是凡人，老師也會犯錯，因此請不要把老師所講的所有事情照單全收，每個人都有自己的人生智慧，請善用這些獨到的智慧，好好檢視師長所說的，究竟適不適合自己。

而親愛的老師，身為傳遞知識的領導者，請珍視並善用自己的影響力，在對孩子傳達某些訊息時，請仔細斟酌，如果沒有把握、不是那麼確信，或是這件事本來就沒有標準答案、或在自己的專長之外時，請不要輕易地為學生下定論，因為我們的體悟，雖然適合我們自己，卻不一定同樣適用於學生，反而很可能誤了他們。

我也是這樣提醒我自己，不要因為這個職業被授予教導別人的權位，而妄自尊大，自以為在任何方面都比學生更清楚，反而要因此更加謙卑、警惕，時時精進，不斷充實自己，才不枉被喚一聲，「老師」。

親愛的老師，在要求孩子自省時，也請同樣反躬自省

「你知道老師為什麼要找你嗎？」我問。

「不知道耶！」

「正雄」搖搖頭，一臉無辜的樣子。

雖然正雄說他不清楚為什麼被找來，但我知道，正雄心裡應該是有底的，因為他在作業單上，寫下難聽不雅的字眼，辱罵任課老師，引起不小的風波，也因此被記了過。

我想起了該名任課老師描述事件發生經過時，怒目橫眉的樣子。

「他實在是遭透了，我從來沒遇過這樣的學生！」

任課老師越講越生氣。

「他完全不認為自己做錯，一副無所謂，絲毫沒有反省，甚至讓我覺得，是我的問題一樣。」任課老師扭頭暴筋地說著。

我看著眼前的正雄，睜大眼睛，雙手放在膝蓋，誠懇地看著我，不禁在想，他和任課老師說的是同一個人嗎？

「我找你來是因為最近你寫作業被記過的事情！」我直言不諱。

「喔……是那件事啊……」正雄稍微挪動了一下坐姿，但表情很鎮定，看不出有什麼特別的情緒。

「老師想知道發生什麼事情？可以請你講一下事情的經過嗎？」我問。

「就……沒怎樣啊……不小心在作業上畫了一點東西，寫了幾個字而已。」正雄雲淡風輕地說道。

「老師今天找你來，不是要罵你或處罰你的，因為相關單位已經對你懲處過了，老師是基於關心，想知道到底發生了什麼事情，讓你會受到這麼重的懲處，可以告訴老師你畫了什麼、寫了什麼嗎？」我誠懇地說道。

「就畫了一個比中指的拳頭和一隻狗，然後寫了『人不如狗』、『狗仗人勢』之類的，外加一點髒話。」正雄轉了轉手腕後說道，剛剛無辜的表情一掃而空。

「你的畫和文字，跟作業有關嗎？還是你想要表達什麼？」其實我已經大概知道事情的經過，但我很關心正雄是出於什麼動機這樣做。

「沒關，就是那個老師自己設計的作業單，長得很像網誌上的格式，而且那節課剛好在下午第一節，午休結束我剛睡醒，沒注意，就把作業單當成網誌在寫，抒發一下自己的心情感受，覺得很有趣，就給旁邊的同學看一下，覺得可以一起笑一下，後來下課前，我不注意的時候，同學就收走一起交過去給老師了！我也沒多想，後來老師就生氣了！」正雄輕描淡寫地說著，好像在告訴我他的出發點很單純，並沒有什麼特殊的用意，是老師們想太多了，沒那麼嚴重。

這番說法對比任課老師陳述事件當天火冒三丈的樣子，有著極大的落差。

「他根本就是在作業上羞辱我，那個中指的圖形畫超大的，狗的身上還寫了跟我名字一樣的諧音，實在是很過份！我把他找過來的時候，他居然還說他不是針對我，也沒有指名道姓，只是不小心寫錯的，完全不願意為此道歉！真的是不知檢討！」

任課老師講這段話時，額頭還有脖子上的青筋載浮載沈的畫面，至今仍烙印在我腦海。

「作業交出去以後，發生什麼事呢？」正雄在講事情經過時，顯得非常被動，我常常要不停追問，他才會繼續講。

「老師就在隔週的課堂上，把我叫到講台上，問我為什麼寫這些東西，我就說我不小心的，然後他要我道歉，我就說我又沒指名道姓，他就很生氣，叫我下課要去訓導處，結果裡面的老師就問我經過，叫我寫輔導表之類的，最後記過，就這樣。」正雄說。

「你自己怎麼想這件事情？」我希望瞭解正雄的想法。

「不知道，沒多想什麼！」正雄很快地回答，好像急著結束會談，離開諮商室。

「嗯……你曾經在其他課堂發生過類似的事情嗎？就是像這樣覺得有趣，想跟同學分享搞笑一下的事情，結果和老師發生衝突？」由於正雄已經高三，如果他是個容易和師長衝突的學生，應該在高一高二的時候，就會發生，而不會在高三突然出現，但我沒有印象，他曾發生過像這次的重大衝突事件，因此我想評估一下，是正雄個人的因素居多，還是有其他的原因。

「應該沒有吧！」正雄回答的字句雖然有些游移不定，但語氣很肯定。

「如果是這樣的話，老師猜想是不是課堂上有發生什麼事情，讓你會想要在作業上這樣寫？」我關心地問。

「呃……就是，那天寫作業不知道寫什麼，突然想起最近在網路上看到一篇很流行又好笑的文章，我沒多想就寫上去了。」正雄遲疑了一下後答道。

「老師覺得你會這樣做，除了剛剛你講的原因之外，一定還有其他考量，老師有注意到，你剛剛講話的過程中，好像會有點擔心，是擔心我們的對話會外流嗎？」我說。

我隱約覺得，正雄語多保留。

「沒有擔心，也沒有別的考量！」正雄斬釘截鐵地說道。

「好，有可能是老師多慮，也有可能是因為這件事情，你有自己想要保留的部分，老師就不勉強你一定要說，但希望你可藉由這個事件，學習到一些事情，而不是只得到懲罰，因此老師想要問你，這件事情發生到現在，你回頭去看，你怎麼看待自己的行為？還有，你覺得自己可以學到什麼？」即使是不愉快的經驗，我都相信，正雄可以從中獲得養分，成長自己。

「怎麼看待自己喔……就不知道耶……好像也不能學到什麼。」正雄停頓了好一陣子後答道。

「老師換個問法好了，如果現回到事情發生的當下，你會怎麼做？」我調整問題的方式，希望讓正雄可以換個角度思考。

「可能會改變作業上寫的東西吧！」正雄說。

「你會改成寫什麼？」我接著問。

「可能把中指的圖案改成球棒吧！」正雄笑了笑。

「改成球棒？這樣改的用意是什麼？」正雄的回答出乎我意料之外，我聽得一頭霧水。

「就網路上看到的那邊文章啊！說有一隻狗做錯事情，主人很生氣，所以就比中指，我現在覺得，應該要把中指改成球棒，因為主人應該會想要用球棒揍那隻狗！」正雄邊講邊笑。

「你可能覺得這篇文章本來就很有趣，這樣改寫以後更有趣，但我想對任課老師來說，可能是完全不同的感受，你認為，如果回到事件發生之前，你將中指改成球棒，會對事情有幫助嗎？你覺得這樣改了以後，會帶來什麼影響？」正雄的回應，顯示他真的不覺得自己的行為有什麼問題，同時也讓我感覺到，他對這位任課老師有非常強烈的負面情緒，因此不斷影射這位任課老師，應該受到教訓。

師生互相傷的省思

那位任課老師可能也是因為直接感受到正雄的敵意，才會如此大發雷霆。

「怎麼會有這種學生，我教書這麼多年還是第一次遇到，真的是糟糕透頂了！一定要送獎懲委員會討論才行！」

我又想起那位任課老師咬牙切齒的樣子了。

「呃……他應該會更生氣吧！」正雄斂起笑容，頓了一下。

「你好像對這位任課老師有很多的不滿，老師猜想，應該是在這件事情發生之前，你們可能就有一些摩擦，也或許，你可能有遭受到一些委屈吧……」我試著誠懇地再次表達對正雄心情的理解。

正雄若有所思，沉默了一陣子。

我靜靜地等待。

「好吧！老師我告訴你好了，你說的沒錯，我確實很不喜歡這個老師。」正雄打破沉默，主動說道。

「可以感覺得出來，一定曾發生過什麼事情！」我點點頭。

「就是之前呢，有一份作業是跟家人有關的，老師叫我們要回去訪問家人，但沒有說要報告，只是說這份作業占總成績很重的比例，所以我有認真寫，結果老師批改完以後，突然說要唸一下幾位同學的作業，我也名列其中，但我有跟老師講，我裡面有寫到一些家裡面的狀況，不想讓其他人知道，請他不要公開在班上唸出來，結果他說沒關係，還是當全班的面唸出來了，我跟幾個作業被公開的同學就很不爽他。」正雄語氣有點氣憤。

「那一定很不舒服！」我說。

「沒錯，不只這樣，後來還有一次的作業，他就說我們班很多人寫得很差，然後說什麼他教書很多年，看過很多學生，閱人無數，看人很準，覺得我們班這些作業寫差的同學，將來一定沒有出息，會變成沒有用的人，找不到好工作之類的，一大堆令人賭爛的話，聽了很倒彈，超不爽的，其實不只我，很多同學都很不爽，所以這次作業我才會在上面畫畫跟寫這些東西。」正雄終於講出了真正的原因。

「謝謝你願意跟老師講這件事情完整的面貌，也告訴我心裡面真實的感受，謝謝你的信任。我想如果我身在其中，應該也會有很多複雜的心情，不過老師也想趁這個機會要問你，事情發生到現在，也已經間隔一段時間了，你現在冷靜地回想整個過程，對於這事情，不管是任課老師講話的內容，或是你自己之後的處理方式，你會怎麼看待？」我問。

「我承認我的作業寫得沒有很好，上課有時候會發呆，但至少我該交的作業都有交，我覺得老師不應該這樣不尊重我們，把我不想公開的作業唸出來，還說我們沒出息之類的，好像他是老師，就講什麼都對，我們很多人都超不爽的耶！」正雄依然忿忿不平。

「我也同意任課老師的這些舉動不妥，也理解身為學生的不爽，我認為這位老師確實有需要調整的地方，這是任課老師的問題沒錯。」我捫心自問，如果我是學生，我一定也會很不高興，因此我站在正雄的位置，坦誠這些感受。

「對吧！對吧！這樣誰會不生氣！」正雄用力地點點頭。

「但是，縱使老師的某些言行舉止不宜，有需要改進的地方，你還是可以決定用什麼方式去回應老師，當你在作業上畫了這些圖，寫上髒話時，你不就印證了任課老師口中的話，變成了糟糕的人，你認為老師不尊重你，但你所做的行為，不也讓你變成了同樣不尊重別人的人嗎？」我希望正雄不要讓自己變成了連自己都不認同的樣子。

「難道他這樣，我還要表現出很認同他的樣子嗎？而且是他先不尊重我們的耶！」正雄對於我說的頗不以為然。

「你當然可以不滿，也不需要認同他，甚至可以明確地告訴任課老師，你覺得不被尊重，讓他知道他講的話不一定是對的，如果你是這樣處理，我想不至於演變成現在這樣，搞不好還會有其他老師幫你講話，但你的處理方式是採用難聽的髒話辱罵，這樣的方式不僅沒辦法讓任課老師知道你不被尊重的感受，反而會讓他和旁人認為，你很沒禮貌、很不成熟，問題就會整個轉移到你身上，別人不見得知道事情完整的面貌，會以你的行為來認定你是一個無理取鬧的學生，這樣有比較好嗎？」我冷靜地分析。

正雄沈默不語。

「我希望你可以藉由這次的事件，學習到用有效的方式處理問題，而不是意氣用事，同時也希望你可以從這個事件，更認識自己是個怎麼樣的人，有哪些需要調整跟改進的部分。」我說。

「嗯，我知道了！」正雄咬了一下嘴唇後說道。

「最後，老師還是想要問你剛剛問過的問題，就是，事情發生到現在，你對自己的處理方式，有什麼看法？」我問。

「我覺得我做事情太急躁了，之後可能要多想一下，多考慮一下後果之類的。」正雄認真地答道。

「那你覺得可以從這次的事件學到什麼？」我繼續問。

「就是這次做錯這件事，可能真的要好好想想老師前面問我的很多問題，好好思考一下自己的個性有那邊要改進的，然後要適時地提醒自己要控制好脾氣，多想一下，哪些事情可以直接做，哪些事情不能直接做，才不會又發生類似的事情。」正雄咬了咬手指後說道。

「希望你能把自己剛剛的省思還有體悟，放在心上，反覆提醒自己，並且真的去執行，這次的事件，才會有價值！」我結論道。

「我會的，謝謝老師！」正雄誠懇地說。

事情到這邊暫告一段落，不久後，正雄就畢業了。

其實，整體來看，正雄是一個率直的孩子，他的心思很單純，只是個性比較衝動，在這個事件中，他並不是沒來由地無理取鬧，而是想要保護自己不被尊重而受傷的心，他想要讓任課老師知道，他講過的話是多麼具有殺傷力，於是他用了同樣具有殺傷力的方式，去攻擊帶來傷害的任課老師，造成兩敗俱傷。

如果他不解釋，沒講出事情的完整的原貌，不僅很容易被人誤會，還會被貼上冥頑不靈又沒有禮貌的標籤。

他需要學習的是，**如何用恰當的方式**，**針對不被尊重的問題癥結點**，**聚焦而有效地回應**，從另外一個角度來看，其實他不只是為了自己，他也想為那些遭到同樣待遇的同學做些什麼，面對相較學生而言較具權威的老師，這是需要勇氣的，而這樣的勇氣，應該被重視，但作法是需要改進的。

相較於正雄，任課老師在處理這件事時，應該要更為謹慎、更小心才是，因為老師的身份，在學校本就比學生擁有更多的資源，而老師的歷練理當也比學生豐富，應該更知道如何成熟地處理衝突。

然而在這個事件當中，任課老師站在教育工作者的位置，卻沒有教育者的風範，先是公開孩子不想公開的隱私，再來是僅憑作業內容就當眾責罵孩子將來沒有出息，這些行為本身，都在告訴學生，身為有權者，就能不顧他人感受，揭人隱私，還可以當眾做沒有根據的批判，這對學生來說，不只造成傷害，更是一種最壞的示範。

也許這些孩子可能上課心不在焉、漫不經心、態度不佳，或是對老師交辦的作業敷衍了事，但這些都不能成為老師不當對待學生的理由，也不能合理化老師帶有傷害性的言行。

所以親愛的老師，在要求孩子自省時，也請同樣反身自省。

—後記—

欠缺「匱乏經驗」的世代

我的父母都是農家子弟，那個年代的農家子弟，幼年多數都在貧苦的環境中成長，常常三餐不繼，從小為了溫飽就要和長輩一起為了家計努力，不管是清晨三、四點起來餵雞鴨、撿拾別人不要的穀物殘渣、幫忙田裡的大小事，或是放學後要照顧弟妹、煮飯、洗衣服等，永遠有忙不完的家務，等到他們國中畢業後（我的父親甚至要通過考試才能讀國中），就離家工作，承擔起賺錢養家的責任。這些艱困的成長經驗，造就了他們刻苦耐勞的堅韌性格。

我父母一邊當學徒，一邊摸索自學，胼手胝足，從事汽車維修的工作。他們白手起家，勞心勞力，從無到有，只為了給家人過更好的生活。雖然我沒有實際苦過他們的苦，但他們的辛苦，我從小看在眼裡，因此我非常珍惜他們提供給我溫暖而穩定的生活，我盡全力做好自己本分，學習他們認真努力、堅忍不拔以及知足感恩的精神。

當我有了孩子以後，我也想將從父母身上學到的寶貴精神資產傳承給下去，卻發現，難度很高。為什麼父母只要跟我講一次，甚至不用多講，我從旁觀察就可以理解與實踐的愛物惜物的精神，在我花費了許多心思與時間引導孩子後，卻常常事倍功半？我就在想，出了什麼問題？我明明提供給孩子比我小時候更加富足的成長環境，為何精神層面卻無法如同物質生活般更加富足？他與我、或與我的父母最大的差異是什麼？

我發現，最大的差異，就在於他欠缺匱乏的生活經驗。欠缺匱乏的富足基準線，很容易讓他認為手邊所擁有的都是理所當然的！雖然我的父母不曾在基本的生活需求讓我有實際上的匱乏，但是透過親眼觀察他們的工作情形，或是跟著到他們工作的場域幫忙，我完全可以體會什麼叫做匱乏，完全明白生活的一切都不是理所當然的！而我的孩子沒有機會親眼見證過工作的辛苦面（我的工作不允許我帶著小孩去上班），他周遭的同儕也多是如此，生活在欠缺匱乏的富足世界裡。

其實不只他們，科技的發展與社會的氛圍，導致整個世界都試著讓每個人的精神層面活在欠缺匱乏經驗的富足環境中。特別是在功能強大的智慧型手機與網際網路出現後，這種現象，更變成了難以逆轉的情勢。

用最快的速度逃避困難！

手機與網路幾乎支配了生活的一切，讓現代文明攀上顛峰，從工作、社交到休閒，無所不包，讓人們能夠對許多事物進行遠距離操控，藉此，人們不但得以縮短摸索的歷程，甚至還可省去了從錯誤中嘗試的心力，快速地從網路上獲得許多生活所需，從朋友、伴侶等人際關係，歸屬感、成就感等內在基本需求，到金錢、暴力與性的各種欲望，都可以從中得到滿足（例如將學校作業問題丟到網路上尋求解答，或直接搜尋網路上現有文章複製解答；在聊天或社群網站上尋找網友的慰藉；在電玩遊戲中組隊獲得成就與歸屬；在各類主題網路社群快速滿足金錢、暴力與性的慾望；有任何的不如意，可以很快地逃到手機或網路的聲光世界中）。

只要有手機和網路，人們幾乎不需要等待，也不會有機會匱乏。

整個世界都在加速。不管是物質的或心理的。

這種極度以個人為中心的加速世界，使人們反覆經驗到生活是可以按照自己想要的方式運作的強大掌控感，大幅度提升了我們外在生活的品質，然而，內心世界的質地，有得到同等的升級嗎？

我們的內在是因此而變得更為強韌與豐厚？還是變得更加脆弱與貧乏？我們的心智是因此變得更

為理性與謙卑？還是變得更加衝動與傲慢？我們的胸懷是越來越寬廣？還是越來越狹隘？我們是越來越熱情？還是越來越冷漠？

這些不斷加速生活、傾向用越來越簡單的方式和越來越少的時間來排除困難與問題的趨勢，對所有的人，帶來了什麼影響？

在我們用極高效率解除困難時，很可能也同時在用最快的速度逃避困難！

諾貝爾經濟學獎得主的心理學家丹尼爾．卡曼（Daniel Kahneman 認為）[19]，人們的思考運作主要由兩個不同性質的系統所組成，其中系統一的運作模式是較為仰賴直覺與衝動，是一種較不花費力氣且反應快速的自動化運作模式，我們日常生活的功能得以正常執行，多數時候要歸功於系統一，它讓我們可以較為舒適與愉快地生活著，也讓我們可以很快地避開許多意外的危險；而系統二的運作則較為理性，具備綜合資訊後做出合理且精準判斷的能力，同時系統二也擁有最後的決定權，但系統二的運作較為費力，反應也較為緩慢，因此常常隱身於系統一的背後，是個較為懶惰的運作系統。

系統一的成形來自於系統二的修練，當系統二用常被動用來監督系統一，久而久之，即便是自動化運作的系統一，也能養成敏銳的直覺反應，而非單靠先天內建的本能驅動。

系統二的運作是費力與緩慢的，同時也是理性與智慧的，然而，要能夠啟動它，通常是在我們遭遇到問題、挑戰或是挫折，為了因應而費力深思時，否則，它往往只會安逸地躲在系統一身後休息。以自我為中心的便利生活與物質享受，讓我們越來越不需要動用到系統二的智慧，也讓我們越來越依賴靠先天內建本能驅動的系統一。於是，我們越來越只能看見自己。

我們急著快速擺脫問題，急著做自己。

身為教育與心理第一線的實務工作者，我看到許多個案面對問題與挑戰，不是深入思考解決之道，從中學習，而是急著從問題脫身，這個著急，讓他們未能細細檢視眼前關卡，只是循著系統一的直覺與衝動，追求輕鬆與愉快，因此，很多人選擇了逃避、放棄或者是無視問題，錯過了從問題中磨練與成長的機會；我也看到了很多家長在面對孩子的問題時，不是陪伴著他們一起練習解決，而是急著用自己的方式，幫他們快速排除問題，以為這樣對孩子來說是最好的，但卻剝奪了孩子長出自己力量的機會，使得他們只會或只能躲在父母的羽翼下尋求保護；而有些師長，視學生的問題為障礙，急著以究責的方式來終結問題，造成彼此的傷害。

也許，我們都被便利與速食的文化慣壞了胃口，太過於耽溺在系統一的安逸中，而將問題視為一種擾人的麻煩。

卻忽略了，沒有問題，可能正是我們最大的問題！

有些事無法加速

許多的困境，來自於我們太過於輕視眼前所遭遇的問題，我們吝於給予自己時間認真地去深思，因為我們非常著急為眼前的問題找到簡單的答案，好爭取更多的時間去做更重要的事情，然而，究竟什麼是更重要的事呢？無非就是放鬆與享樂。於是，我們因循著腦中內建的自動化設定的系統一，套用已經被提出來的現有標準答案，很快地中止思考與探尋的過程，以便盡早結束問題。

因此，有些學生在遭遇學習挫折時，會很快找到已經被眾人認可的現成答案來論定自己，例如「我就是很笨」、「我就是學不來」，或者是「有些人天生就比較會念書，我就是不會念書」，而當他們面對不喜歡的情境時，也慣用抱怨或逃避來為問題劃下句點，例如抱怨「為什麼要考試？」、「這個又不考，為什麼要認真？」或者是「以後的事情很難預料，現在幹嘛想那麼多？」來逃避，而非從問題中思索因應之道；有些家長在遭遇到孩子的問題時，會很快地採用自己的方式幫孩子解決，例如在孩子面對科系選擇問題時，替他們選了一個家人認為最好找工作的科系，或是動用自己的關係來替他們解決遇到的困難，而非與孩子共同尋找適合他們的處理方式；有些老師在面對不符合期待的學生時，也會很快地用個人或大眾的價值觀來評論或指正學生，而非引導孩子釐清困惑。

在這樣的狀態下，我們容易忽略各種可能性，而對自己或身邊的人做出了武斷的結論，並將這個結論過度推類到各個層面。對此，我們甚少自覺，因為社會充滿快速解決問題的速食氛圍，並以此效率為傲。「進步就是加速一切」的外在文明發展守則，被套用到內在心靈成長上。

然而，心靈成長是需要時間、無法加速的。

成長過程中所遇到的各種問題，即便看起來相似，但對於個人來說，都是獨特而沒有標準答案的。

如果沒有標準答案，那麼，當我們面對這些令人徬徨的問題時，該怎麼做呢？

其實很簡單，就是給予多一點的時間。

如果青年學子們，願意給予自己多一點的時間，深思眼前的問題，反覆摸索、試誤與驗證，而不只是拾取現成的答案，就有機會走到適合自己的那附近；如果家長和老師們，願意給予孩子們多一點的時間，陪伴他們、聆聽他們，透過自己的人生經驗，引導他們思考，而不只是要求他們聽命照做，他們就會更有勇氣去尋找自己；只要我們願意多給予彼此多一點的時間，一起去尋找方向，不管最後的結論跟別人一樣或不一樣，都能讓我們長出自己的智慧。

於是，我也提醒自己，在教養孩子的路上，要學會等待，等待孩子，也讓孩子學會等待，不要只是一味地希望越快越好，而要耐著性子，多花一點時間，就像我的父母對我一樣，把孩子帶在身邊，一起經歷困難，一起體驗匱乏，然後，從中淬煉出各自的力量。

附注參考資料

注1：Joachim Bauer著。王榮輝譯（2016）。棉花糖的誘惑：從腦神經科學看自制力。商周出版。

注2：Angela Duckworth著，洪慧芳譯(2016)。恆毅力：人生成功的究極能力。天下雜誌出版。

注3：彼得・C・布朗，亨利・L・羅迪格三世，馬克・A・麥克丹尼爾（Peter C. Brown,Henry L. Roediger III,Mark A. McDaniel）著，陳麗玉譯（2015）。超牢記憶法：記憶管理專家教你過腦不忘的學習力。天下文化出版。

注4：叔本華著。劉大悲譯（2005）。意志與表象的世界。志文出版社。

注5：Sarah-Jayne Blakemore & Uta Frith著，游婷雅譯（2007）。樂在學習的腦：神經科學可以解答的教育問題。遠流出版。

注6：同注3

注7：Norman Doidge著，洪蘭譯（2016）。自癒是大腦的本能：見證神經可塑性的治療奇蹟。遠流出版。

注8：不可思議的大腦。《How It Works 知識大圖解 國際中文版》第08期（2015年5月號）

注9：同注5

注10：德威克（Dweck, Carol S.）著，李明譯（2007）。心態致勝。大塊文化出版。

注11：Christopher Chabris & Daniel Simons 著，楊玉齡譯（2011）。為什麼你沒看見大猩猩？：教你擺脫六大錯覺的操縱。天下文化出版。

注12：Norman Doidge 著，洪蘭譯（2008）。改變是大腦的天性：從大腦發揮自癒力的故事中發現神經可塑性。遠流出版。

注13：同注3

注14：Martin E. P. Seligma 著，洪蘭譯（1997）。學習樂觀，樂觀學習。遠流出版。

注15：麥爾坎．葛拉威爾（Malcolm Gladwell）著，廖月娟譯（2009）。異數：超凡與平凡的界限在哪裡。時報出版。

注16：陳雅玲（2004）。兩種狀元。商業週刊，870期。

注17：同注3

注18：Irvin D. Yalom 著，易之新譯（2003）。存在心理治療（上）：死亡。張老師文化。

注19：Daniel Kahneman 著。洪蘭譯（2012）。快思慢想。天下文化出版。

同學，你只是不想太累

那些最快最簡單的方法，為什麼救不了你的學習痛苦？

大寫出版 〈幸福感閱讀 be-Brilliant!〉 書系號 HB0031
著　　者 郭彥余
美術設計 反覆分心 Placebo Studio
行銷企畫 王綬晨、邱紹溢、陳詩婷、曾曉玲、曾志傑
大寫出版 鄭俊平
發 行 人 蘇拾平
發　　行 大雁文化事業股份有限公司
地址：台北市復興北路 333 號 11 樓之 4
電話：（02）27182001　傳真：（02）27181258
地址：台北市復興北路 333 號 11 樓之 4
讀者服務信箱 E-mail: andbooks@andbooks.com.tw
大雁出版基地官網：www.andbooks.com.tw

初版一刷 2020 年 10 月
定　　價 280 元
ISBN 978-986-95532-6-1

國家圖書館出版品預行編目 (CIP) 資料

同學，你只是不想太累：那些最快最簡單的方法，為什麼救不了你的學習痛苦？／郭彥余著

初版－臺北市：大寫出版：大雁文化發行，2018.04
面：15*21 公分 (be-Brilliant 書系！; HB0031)
ISBN 978-986-95532-6-1(平裝)
1. 青少年輔導 2. 青少年問題
544.67　　107003670